デザインの現場 BOOK

小型グラフィック

美術出版社

魅せるグラフィック

Small Graphic 1

- 006 一枚の紙から生まれる 人に届けるもの POSTALCO の世界
- 014 目指せ！上級小グラ GRAPH
- 020 手づくりが風合いを生む。Bob Foundation
- 024 小型グラフィック最前線
ショップツール、ファッション、オリジナルグッズ、カルチャー、会社・学校、ノベルティー
- 036 コラム1 広がる可能性 マスキングテープ
- 041 コラム2 安い！楽しい！注目のレトロ印刷
- 045 コラム3 "JAGDA TOKYO" DM ギャラリー
- 048 デザイナーと印刷会社による特殊印刷トライアル Christmas Card Trial
- 061 1. 丸橋 桂×東洋FPP ─ 2. 板倉敬子×銅版印刷 ─ 3. 榮 良太×欧文印刷
- 062 コラム4 「THE SEARCH」展で見つけた小型グラフィック
- 068 企業の意志を具現化するために ドラフト 宮田 識
- 072 デザイナーが知っておきたいマナー講座 基本編、素材編
- 074 小グラ制作に役立つ依頼先リスト
- コラム5 札幌ADCのトロフィー＆賞状

誘うグラフィック Small Graphic 2

- 076 心誘われる一枚のつくりかた 平林奈緒美の招待状
- 084 ファッション 高級ブランドのデザインマナー 美澤 修
- 088 ファッションブランドのDM・招待状・カタログ
- 094 演劇・映画・美術展 演劇と広告の世界を行き来する理由 螢光TOKYO
- 098 「行きたくなる！」美術展／映画
- 106 店の個性をひと目でイメージさせる ショップツール
- 110 新商品の世界感を演出する 化粧品プレスキット
- 114 企業の意志を大胆に演出する 会社案内
- 118 ファンの心をくすぐる仕掛け ノベルティグッズ
- 122 村田東治 コム デ ギャルソンの招待状をつくった男
- 126 コラム 活版印刷でDMや招待状をつくれる PAPIER LABO.がオープン
- 128 招待状におすすめの特殊印刷加工ガイド

◎本書は『デザインの現場』2007年8月号と2009年12月号の特集記事を一冊にまとめて改装したものです。記載されている内容は掲載当時のものです。

[本書掲載の省略記号一覧]
CD……Creative Director
AD……Art Director
D………Designer
PL……Planner
PR……Producer
C………Copy Writer
P………Photographer
IL……Illustrator
PD……Printing Director
CL……Client

Small Graphic 1
魅せるグラフィック

一枚の紙から生まれる

一枚の紙から生まれる多様な表現に目を向け、文字が記され、郵送される手紙の可能性を大切にとらえているPOSTALCO。彼らのステーショナリー製品はもちろんのこと、オリジナルのパッケージ、製品解説書、ブランド思想を伝える「手紙」としての定期発行物からも、「伝える」「受け取る」意味を積極的に探ろうとする姿勢がうかがえる。こうしたこだわりの一つ一つが、製作における細かな工夫につながっている。

取材・文／川上典李子
撮影／中川正子

人に届けるもの POSTALCOの世界

［右］POSTALCOの製品パッケージのコンセプトは「オーバーパッケージにしない」「商品が守られていることを感じられるもの」。紙バッグは、市販の袋にオリジナルのショップカードをステープラーで留める手づくり。パッケージの蓋には、スタンプで商品名が押されている。［左］日ごろのデザインリサーチをもとにしたシリーズ「Postalco Library」（写真中央の冊子）、百科事典のようなポストカード「Encyclopedia Series Postcards」を、膨大なリサーチ資料とともに撮影

［左］製品に同封される解説書はその都度、製品の特色に応じた形態、サイズ、内容に。写真は「BRIDGE BAGS」と「RAIN CAPE」の解説書や、BRIDGE BAGSのためのオリジナルタグ。右下は皮革の特色や扱い方をバイヤー向けに伝える「MATERIAL HANDBOOK」。「気づいたことを気軽に書き込んでもらえるような雰囲気でまとめたかった」

POSTALCOのマイク・エーブルソン（左）とエーブルソン友理（右）。アトリエにはパン屋で使われていたという古い鉄板を利用した棚や、業務用のミシンなどさまざな道具が置かれている

製品に込められた思いを伝える

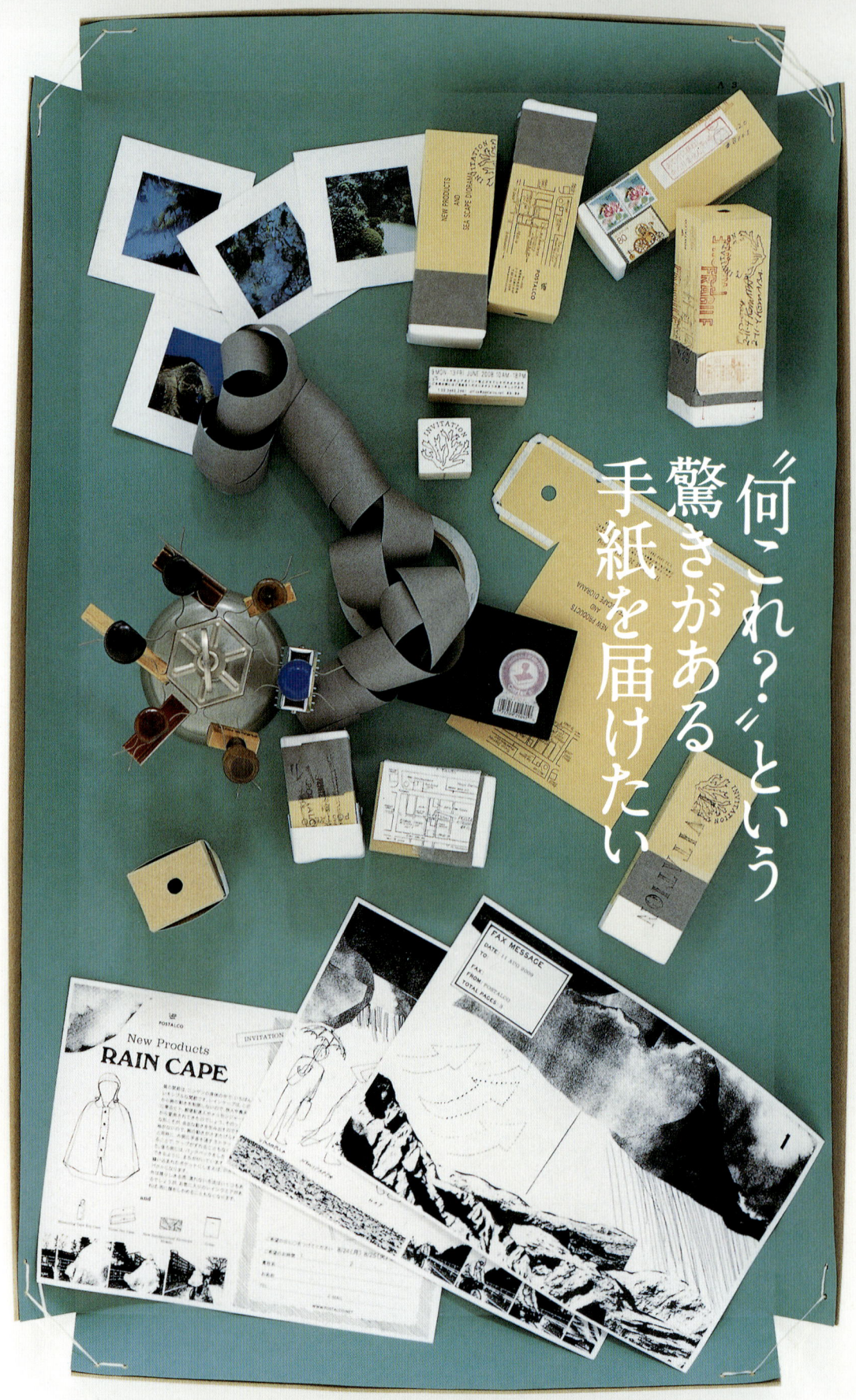

「RAIN CAPE」発表のお知らせはあえてファックスで（下）。「広告の迷惑ファックスさながら届いたファックスを、楽しめるものにしたかった」。A4サイズ3枚構成。穴を覗くと海の中のイメージが見える立体郵送物（上）。印刷所から納品された用紙にオリジナルスタンプを押し、手作業で組み立て、発送した

POSTALCOのレターシリーズ。店頭配布のニュースレター（中央）はスタッフがカットして三角形に。「扱いにくい形の紙を人々がどうやって持ち帰るのかにも興味があった」。「レンガの積み方」など、彼らのリサーチが網羅されている内容も好評。郵送時の切手の一枚一枚にも徹底してこだわっている

POSTALCO オリジナル商品の中から、カード類とステーショナリー類。ハンカチを折るように一枚の紙を折って郵送する「Handkerchief Envelopes」(上)や、スタジオで製作され、すべての柄が異なる「Chance Printed Paper」(右下)など、手にした人々の心を動かすグラフィックが常に探られている

POSTALCO・ポスタルコ

バッグメーカー、ジャックスペードのデザインディレクターだったマイク・エーブルソンとグラフィックデザイナーのエーブルソン友理によって、2000年、ニューヨーク、ブルックリンに設立。2001年より拠点を東京に移し、バッグやステーショナリー類を展開している。自身の考えを示す展覧会も行っており、09年秋の「POSTALCO UP UNTIL NOW─ポスタルコの頭のなか」展（Gallery DO）も好評だった。東京・京橋には直営ショップがある。
POSTALCO SHOP ＝東京都中央区京橋2-2-18-4F
TEL.03-3460-2861　www.postalco.net

印刷プロダクトに見える、POSTALCOのデザイン観

マイク・エーブルソンとエーブルソン友理を中心とする「POSTALCO」（ポスタルコ）。ニューヨーク、ブルックリンに誕生し、現在は東京を拠点にオリジナルのステーショナリーやバッグ類を開発、製造。彼らの製品は京橋の直営店舗を始め、国内外のデザインショップなどでも扱われている。

POSTALCOという名前は、「郵便」に興味を持つ二人がPostalとCompanyから考えた造語だが、この名の通りに、何かを運ぶことや紙を介してのメッセージ、伝えることの大切さを念頭に置いた活動を展開している。加えて彼らの活動の根底には、独自のデザインリサーチがある。商品開発に直結しないものもあわせながら、「興味あるもの」の研究を重ねているのだ。

こうした時間の蓄積が大小さまざまなオリジナルの製作物にも反映され、通常は当たり前とされているものであっても、本当に必要か、どう伝えるのか、という問いから検討されているところが興味深い。例えばPOSTALCO設立当初、営業ツールとして用意したサンプル代わりの資料は、数センチメートルという小型カード形態の写真だった。薄紙でつくられたスライド用ケースに納めて配布した。

あるいは、一般向けの商品カタログは、「捨てられてしまうことが多いので」あえて用意しない。代わりに、自分たちの考えを伝える小冊子「Postalco Library」（写真15頁）を編集、発行したり、不定期発行となる「Postalco Library Newsletter」（写真19頁）をバイヤーや顧客向けに郵送していたりする。後者はいわゆるダイレクトメールとなるものであるが、彼らにとっては広告ではなく「手紙」。小冊子と同様に、京橋マップやレンガの積み方といった独自のリサーチを記載するなど、読み物としても楽しめる内容が毎回考えられている。商品を全く掲載していない号もあるほどの潔さだ。

POSTALCOのメッセージは、活版印刷を活かしたショップカードや、機能的なサイズにまとめられたバイヤー向けの小冊子でも同様だ。限られた部数の資料ではカラーコピーを活かして製作するなどの工夫が凝らされ、実現のためにはスタッフのマンパワーも駆使。紙質や版型、折りの手法から、製作内容に応じた吟味が毎回なされていることが伝わってくる。

「郵送される手紙でも人から贈られる商品でも、手にとった人が幸せになれること。単に面白いというのではなく、コミュニケーションが生まれ、発展することも重要だと思う」とマイク・エーブルソン。

「役所の通知のようでありながら、封を開けると、ぎっしり情報が詰まっていたという、驚きが潜むものもつくりたい」。しかもそれを、「素材を切り貼りした感じなど、手作業の跡をあえて残すようにして」製作しているのだ。

「予算規模の異なるビッグブランドと同じ心のこもったサービスを心がけたいで、ホームメイドで、らは強調する。それは、「大企業では実現不可能なアイデアを実現していきたいし、その可能性を探っていきたい」という意欲の現われでもある。

シンプルでありながらも機能的で、購入した人、受け取った人の心を動かすものであること。配慮の行き届いた手づくりの感触とインダストリアルな感触とのバランスの妙を探ること──の明快な活動精神は、彼らのグラフィックにも、ぶれることなく貫かれている。

目指せ！上級小グラ。

小型グラフィック

「いま小型グラフィックは新しいフェーズに入りつつある」と語る
プリンティングディレクター、落合 崇。
一通りの印刷技法を理解したデザイナーは、
次に何を目指すべきか？
デザイナーから絶大な信頼を集める落合に、
さらに魅力的な"上級小グラ"のつくりかたを聞いてみた。

取材・文／立古和智
撮影／山田 薫

「白い紙に文字」でも印刷手法が異なれば与える印象も変化する。上から順に箔押、シルク、オフセット、活版で印刷した文字だ。箔押は、コントラストが大きく目に与える刺激も強い。シルクは、濃度感が強く、文字の存在感が大きい。オフセットのため濃度差が小さく、シャープでフラットな印象を与える。こうした風合いや与える印象の違いを見極める力を持ちたい

微妙な印刷の違いが分かりますか？

——以前に比べて、小型グラフィック（以下小グラ）がさまざまな場面で大きな存在感を持つようになってきました。その背景には何があると思いますか。

落合。まず、デザイナーが制作物の仕様の決定にはじまり、印刷品質の管理まで含めて責任をもつケースが、一般化したことが背景にあるのではないでしょうか。この場合、デザイナー自身が表現の手段として印刷を活用しやすくなりますからね。

もう一つは、ここ10年で、箔押などに限らず、さまざまな印刷加工が試されてきて、つくる側も見る側も、加工が施された小グラを見慣れたことが上げられます。昔は、一つ一つの加工がチャレンジだったのに、今では誰でも「ああいうことをやってみたい」と気軽に手を出せる状況があるわけです。景気が上向きだったときには、特にそういった動きを感じました。

——ここ数年のように景気が停滞しているときには、どういった動きを感じますか。

落合。景気のせいだけではないと思うのですが、最近はもっとスマートに特殊印刷や加工を利用するケースが増えています。例えば、闇雲に5版以上を使用したケースも珍しくありませんでしたが、なんでもテンコ盛りにするのではなく、コミュニケーションに必要不可欠な部分にだけコストを集中する傾向で

同じグレードの紙でも違いはいろいろ。

四六判T (788×1091mm) 110.0kg
菊　判 (636× 939mm) 76.5kg

MITSUBISHI PAPER MILLS LIMITED

Hi-Mckinley Purist
ハイマッキンレー ピュアリスト
110kg/四六判 [788 × 1091mm] T目
76.5kg/菊判 [636 × 939mm] T目・Y目

塗工紙の場合、塗工量によって、A/Bの0〜3というようにグレード分けされている。しかし、塗工量がほぼ等しく、同じグレードに位置する五條製紙の〈ハイマッキンレー ピュアリスト〉と三菱アート紙の〈高級アートN〉を比較してみると、発色や雰囲気が異なるのが分かる。このようにメーカーごとに異なる紙の特性、それが醸し出す空気感を感じ取ることも大切だ

す。「何かやらなきゃ」といった特殊加工バブルは2004年頃をピークに、今は一段落しています。加工を利用するデザイナーも、以前は「やりたい」「試してみたい」が先立っていましたが、すでにやれることは分かっているので、以前よりも費用対効果に気を配っている印象を受けます。ちなみにグラフとしては、クライアントと密にコミュニケーションを取り、制作物の機能や目的を理解した上で、かけるべきコスト、おさえるべきコストを緻密に計算して提案しています。

——デザイナーが特殊加工や印刷を扱うことに慣れたことで、要求されるレベルにも変化はありましたか。

落合○　要求は高まっています。極端な話、以前はデザイナーが紙を指定するにしても、マットかコートか程度だったのが、斤量はもちろん銘柄まで細かく指定するのが当たり前になりました。求められるものが細分化されています。さらにいうと「再現性を向上させる」ことが主流だった印刷の世界で、前向きな理由から中質紙を採用するケースも珍しくなくなりました。それは再現性の高さよりも、中質紙の風合いを生かして、独特の雰囲気や佇まいを生み出すことを優先したデザインですよね。

——印刷や加工が、デザインの一工程として、以前よりも重要になってきているともいえますね。

封筒は
平面でつくるものでは
ありません。

紙のセレクトはもちろん、細部に渡ってつくり込まれたオリジナルの封筒をよく見てみよう。ヤマ形に処理されたフラップ、物を出し入れしやすいように切れ込みが入れられた口の部分、何度でも開け閉めできる金属の留め金の採用などは、封筒を半立体としてとらえ、その使い勝手を追求しているのがよく分かる。平面のデータで見ているだけでは分からないことが多いことを認識しよう

落合○そうですね。実際、白い紙に文字だけであったとしても、箔を使うのか、オフセットなのか、シルク印刷なのかによって、刷られた文字の濃度感やコントラスト、雰囲気は異なってきます。あるいは活版を使えばインクが盛れるので、同じK100でもフラットに映るオフセットよりも、詰まった印象を生み出せます。つまり、最終工程上での見た目は同じでも、Macのモニターによって、仕上がりは大きく変わるわけです。デザイナーの人たちは、そこをもっと考慮した上でデザインするようになってくれればベストですね。紙を使い分けるのと同じレベルで、印刷方法の選択を「普段づかい」できるようになれば、デザインの幅はグッと広がるはずです。

——ほかにも「普段づかい」を提唱したいことはありますか。

落合○立体的にディテールを詰めていく習慣をつけることでしょうか。何をつくるにしても、自分で紙を用意して「切って貼って」に取り組まないことには、分からないことは多いと思うのです。紙の性質は、大きさと形、斤量によって決まってくるものですから。紙見帳に触れるだけでは不十分。同じ紙を使ったとしても、大きければ張りはなくなりますし、サイズによっては物としての雰囲気も変化しますからね。よく「封筒をつくりたいのだけど、どんな紙を使えばいいのか」と聞かれ

紙の意外な風合いを敢えて活かす。

miná perhonen カタログ「紋黄蝶」
AD＋D＝橋詰宗

一見したところ普通にスクエアな佇まいのカタログ、しかし手にしてみるとクタッ、フニャっとした質感。そんな違和感を生み出すことが制作上のコンセプト。各ページには、腰のやわらかい薄い紙を採用。すべて袋とじされているため、たわんだ小口側に膨らみが生まれる

紙の性質を印刷で変える。

giraff DM　D＝中村裕子
HALB DM　D＝鎧雅也（GRAPH）

紙の表面に剝離ニスを刷ることで、トランプカードのような質感に仕上げた giraffe のインビテーション（右）。目には見えない一色が、紙にプラスチックのような質感を与えた。HALB のインビテーション（左）では、マッチ箱の擦面に使用するインキと金を合わせてシルク印刷。金属が錆びたような手触りが付加された

美しい箱のつくりかた。

Yautcha マカロンケース

すべての角が、ピシッと 90 度に切り立った箱。これは角となる箇所に対して、V 字に切れ込みを入れた上で、90 度に折り曲げてつくられる。そのため角にゆるやかな丸みが存在しない。写真の作品では、芯ボールにクニメタルを合紙している

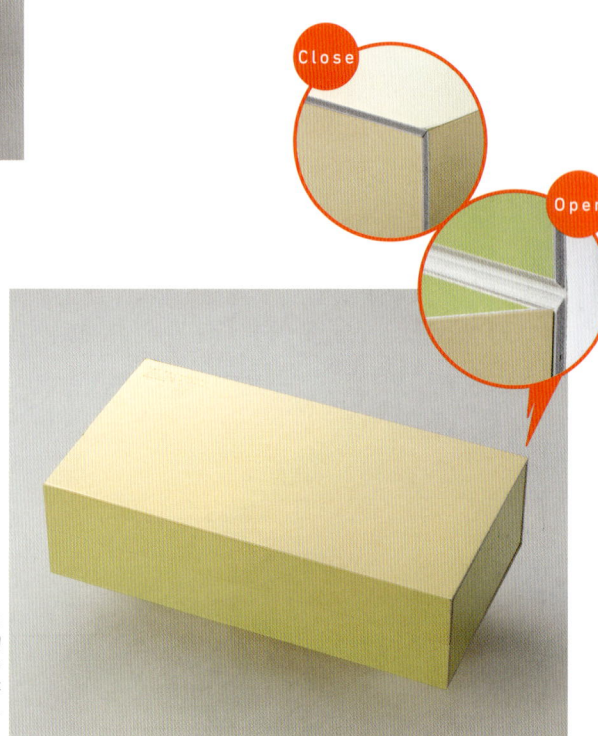

ますが、答えとしては「好きなものを使えばいい」なのです。透ける紙を効果的に使ってもいいし、和紙の質感を生かしてもいい。もちろん切ったり貼ったりせずとも、経験で選択眼は磨かれていくものですが、ひと手間かける価値はあるはずです。

もう一つは、仮に同じグレードのコート紙を採用するにしても、紙のメーカーを使い分けるのも手です。表向きは「同じような紙」とされていても、厳密にはメーカーによって発色は異なります。そこは手間でも、2種類の紙で色校を取ることで、よりイメージに近いデザインを追求したほうがいいですよね。

——総括するとと「上級小グラ」への第一歩としてはどういったことになるのでしょう。

落合 ◯ 実用性を第一に据えるのは当たり前として、つくるものを立体的にとらえながら、諦めずにいろんな方法を比較検討することです。その気になれば、コントロールできる部分はたくさんあるわけですから。すべてはデザイナーが「何を良しとするのか」によってくるのですが、ディテールの掛け合わせ、積み重ねが、最終的な品質感につながってくるものだと思います。

行き着く先は予算の大小ではない。実現したいイメージの有無だろう。方法が出揃った今、いかに活用するかはデザイナー次第である。

018

新しい合紙の考え方。

フリッツ・ハンセンインビテーション　D＝鐙 雅也（GRAPH）
クロエDM　AD＋D＝助川 誠（GRAPH）

望み通りの紙がない場合、合紙することでイメージ通りの紙をつくるのも手。フリッツ・ハンセンのインビテーション（上）では、裏面にシール加工を施した板紙をモチーフの形に合わせ切り抜き合紙することで、凹凸感のある表現が生まれた。一方で、柔らかな和紙を合紙して固さを出し、新しい紙の表情を生み出した。ChloéのDM（下）も合紙によるもの

色紙の上に重ねる色。

BODY DRESSING Deluxe インビテーション
AD＝北川大輔、D＝鐙 雅也（GRAPH）

色紙そのものの色を生かすのではなく、あえてその上に色を重ねるのも手。〈クニメタル〉に透明のピンクを刷った「BODY DRESSING Deluxe」のインビテーションでは、〈クニメタル〉の偏光する特徴は維持しながらピンクに仕上げられた。実際に〈クニメタル〉の印刷見本でも色味のグラデーションが紹介されている

有効な紙地の使い方。

HALB インビテーション　D＝鐙 雅也（GRAPH）

左右に走る〈NTストライプ〉の触感を生かしながら、その印象をより高めるために、あえて角度をつけて抜いた HALB のインビテーション。表面のみならず裏面にも同様に角度をつけて合紙。右肩の部分には紙のストライプに対して垂直に縦線をシルバーで走らせマス目柄を生み出した。一工夫することで同じ紙から新たな魅力が得られる

紙以外の素材を使ってみる。

クロエDM　AD＋D＝助川 誠（GRAPH）
AMAN インビテーション　D＝鐙 雅也（GRAPH）

印刷物は紙とは限らない。パッケージデザイナーに比べると、グラフィックデザイナーは「印刷＝紙」という傾向が強いが、積極的に紙以外にも目を向けたい。例えば硬質塩ビを使用した事例がChloéのDM（右）、軟質塩ビを使用したものがAMANのインビテーション（写真左）。素材によっては紙よりも安価な場合もある

落合崇・おちあいたかし
1975年栃木県生まれ。製版会社勤務の後、2000～2010年までGRAPHにてクリエイティブディレクション・プリンティングディレクションを行い退社。10年9月よりButter Inc. 代表として活動を開始（本文記事は2009年現在）。www.butter.ne.jp

Bob Foundation・ボブファンデーション
1973年東京都生まれの朝倉充展と1978年静岡県生まれの朝倉洋美のユニット。The London Institute Central Saint Martins College of Art and Design 卒業後の2002年にボブファンデーションを結成。ペーパーブランド「Number 62」のほか、多岐にわたるデザインワークを手がける。www.bobfoundation.com

取材・文／渡部千春
撮影／下村しのぶ

手づくりが風合いを生む。
BOB FOUNDATION

ハイテクでも複雑でもない
BOB FOUNDATONのクリエイション。
しかし、地道な手作業からこそ、じんわりと
人の心に伝わる感覚を見いだすことができるのだろう。

09年の10月に発表された新作のカードセット。シルクで刷られた二つ折りのカード4種とそれに取り付ける色違いのリボン、型抜きされたステッカー、ハトロン紙の封筒、ギフトカードなどが入っている。段ボールの箱の表面に押されたイラストもシルクで刷ったもの。シルク印刷は、朝倉たちが「名人！」と認める、シーガルハウスが担当している

平行に並んだ柵のパターンがあるかと思えば、同じ模様をぐしゃぐしゃと斜めに重ねてみたり、一度使ったラッピングペーパーをブックカバーやしおりなどに再利用してみたり……。ギフトを中心とした紙モノのブランド「ナンバー62」はなんとも味のあるアプローチによって、2008年のブランド立ち上げ以来、じわじわとその人気を伸ばしている。

このブランドのつくり手は、ボブファンデーション。朝倉充展＆朝倉洋美の二人によるグラフィックをメインとするクリエイティブユニットだ。

彼らの作品を振り返ってみると書籍『プレイフルキッチン』（プチグラパブリッシング刊）ではアートディレクション＆デザインに加えテーブルセッティングと撮影も担当。そのほかにもキャンバス地と革を使ったバッグ、MDF製のコートラック、数々のインスタレーション作品など、その活動範囲は平面から立体、ときに空間に及び、固定したジャンルにとどまらない。

「最初にこのデザインやりたいとか、こういうクリエーションをやりたいという理由による事務所の設立じゃなかったんです。学校を卒業したばかりということもあって、学生のスタジオワークのように、楽しくやれること、自分たちがつくってみたいものをつくるところから始めたんです」（充展）と、設立の経緯を説明する。

興味の赴くままに自分たちの欲しいもの

をつくるプロジェクトを重ねる中で、一つの着地点となったのがラッピングペーパーであり、ナンバー62だった。

「そもそもは展覧会で発表するため、2005年にラッピングを4種類つくったのが始まりです。私たちとしてはラッピングを使ったインスタレーションをやりたかったから、それが実現しただけでも満足だったんですけど、展示を見てほしいというお店があったり、また別にショップに展開したいという依頼が来たんですね。やっていて楽しいし、ほかの人にも喜ばれるということを実感して、それだったらちゃんとブランドにしようということになったんです」（洋美）

再度、ナンバー62の「味わい」について考えてみたい。紙製品に限らず日本の製品は、無印良品に代表されるように、整然としていて汎用性の高い、それだけにプレーンな顔立ちのモノを好む傾向にある。それに対しナンバー62は、プレーンな柄だけでもいいところにプラスαの柄やメッセージカードやタグといったプラスαの柄を入れる。帽子入れボックスにはあえて手づくり感漂うステンシルを入れ、ラベルを貼る。緻密で完成度が高い日本のグラフィック＆プロダクトデザインの中でナンバー62は異色だが、このちょっとした付加の「味わい」は買った人もらった人の「愛着」となる。

こうした味わいは職人との共同作業から生まれることも多い。大規模な印刷屋に一括して任せるのではなく、シルクスクリーンの工房や製函職人を探し、一人ひとりやりとりしながらつくっていく。

「かっこよくいえばクラフトマンシップ

と充展は照れながらいっていたが、彼らの制作方法は、あえて手間を掛けながらも弟子の手を介在させたアーツ＆クラフツ運動や、量産しつつも職人の手作業が必要になってくるハンス・ウェグナーの制作方法とも重なるのではないだろうか。
また、日本的ではないがと書いたが、だからといってアジアや東欧の粗雑な感覚とも異なる。

「身の回りにある大量生産品のチープさや、海外の粗い紙製品も好きですが、ストレートにそれをウリにするのではなく、好きな物のうまみを一度消化し、新しいかたちでナンバー62やボブファンデーションとして発表していることに、私たちらしさがあると思っています」（洋美）

独特の味わいは地域や分野のらしさではなく、彼らの中にある。2人の会話、工場や職人とのやりとり、彼ら自身の手作業、こうしたプロセスを踏みながら、できあがった作品にそれが残っていくのである。

手づくりが
風合いを生む。

［上］「ナンバー62」のベースともなっているラッピングペーパー。「らしさ」を強調するために、あえてクラフト紙を使うことも。
［下］今秋の展示会用に数量限定で製作した帽子入れ。箱メーカーから外箱用の用紙を入手し、そこにステンシルで自ら図版を描いた後にメーカーに戻し、それを成形してもらうという手数を踏んだ

BOB FOUNDATION presents
オリジナル小グラのつくりかた

手の風合いを残すためにどのような手順で
彼らは小グラをつくっているのか?
ボブファンデーションらしいセンスが光る
昨年のクリスマスカードづくりをのぞいてみよう。

4

一枚一枚のシートにもう一度視線をゆっくりフォーカスしてみると、それぞれのシールの絵柄によって、噴射されているスプレーの濃度にグラデーションが生じているのがよく分かる

1
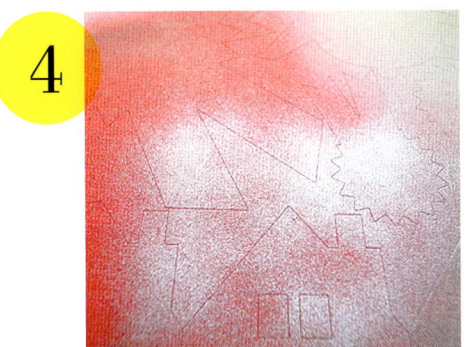
オリジナルで製作したシート状の無地シール(リボンや旗、家などの図版が入っている)を、縦20列、横10列に並べ、全体で約3メートル×2メートルの大きな白いキャンバスを用意

5

シートからはがしてみると、これまでにはなかった色合いを持ったオリジナルのシールが誕生。通常のステンシルテンプレートのネガポジの関係性を逆転させたユニークな発想だ

2

そのキャンバスに直接赤いスプレーを吹き付ける。30ページで紹介している帽子ケースではステンシルを使用しているが、今回は完全なるフリーハンド。いったいどのような模様が描き出されるのか?

6

できあがったオリジナルシールはポストカードやクリスマスプレゼントのパッケージに添付。受け取った人は、このシールに密かに込められたボブファンデーションのメッセージも一緒に受け取ることになる

3

赤の後に、金や銀のスプレーも吹きかけ、できあがったのは巨大な「MERRY CHRISTMAS AND HAPPY NEW-YEAR」の文字。こんなに巨大なものをどのように小グラに展開していくのだろうか?

- ■ ⋯ **Shop Tools**
- ■ ⋯ **Fashion**
- ■ ⋯ **Culture**
- ■ ⋯ **Original Goods**
- ■ ⋯ **Corporate**
- ■ ⋯ **Novelties**

小型グラフィック
最前線

心をくすぐり、すぐに手に取りたいと思わせる
小型グラフィックとは?
活躍するデザイナーたちの最新の仕事から
注目のアイテムを一挙に紹介する。

取材・文／新川博己（pp.24-25）＋
鈴木里子＋編集部
撮影／山田 薫

グラマシーニューヨークの「UP-PER EASTSIDE SMALL PASTRY CAKE」のパッケージ。ショーケース内にディスプレイされるときに引き立つような色、明暗、コントラストを勘案される。箱蓋の内側にマンハッタンの摩天楼がプリントされている

「グラマシーニューヨーク 阪急梅田店」（D＝トネリコ）。百貨店の建て替え工事が継続する中でのオープンのため、2年間限定のショップ。バックボードにグラフィックを大胆にあしらった。撮影／藤本一貴

帽子の箱のような丸形パッケージや素材感のある紙〈タント〉を使うなど、「お菓子の箱」という枠から外れた発想によるパッケージ。グラフィック自体は落ちついたオーセンティックなものだ

「キース・マンハッタン」では、よりモダンなイメージをブランドとして打ち出した。清潔感のある白でまとめ、テーマカラーのグリーンは手提げの内側など控えめに使うにとどめている

空間を彩るパッケージの魅力

「3年後に受け入れられるデザイン」。2009年から3年前の2006年に、洋菓子の「グラマシーニューヨーク」や「キース・マンハッタン」を展開するフレジュールの仕事をすることになった粟辻デザインに、クライアントから出された言葉だ。

赤と金を使った、安心感のあるラグジュアリー性を備える既存のパッケージデザイン。完成度が高く、そのためメインのロゴについてもあえて変えない判断をした。当時、スイーツブームは過熱気味。いわゆる"デパ地下"では、多種多様なショップが華やかさを競っており、パッケージもすでにさまざまなものが出尽くしていた。

「分かりやすい高級感もやがて飽きられる時代になると思い、もっと品の良さやセンスを求めて、あえてお菓子という枠を外してみることにしました」（麻喜）

結果、女性に身近で、上品さや華を感じさせる、ジュエリーや香水、コスメ、バスグッズなどのパッケージからインスピレーションを得ることにしたのだ。

08年秋から店舗のデザインを任されているトネリコの君塚賢は、「粟辻デザインには、クライアントの意志やブランドの背景を読み取り、かみ砕いてデザインに落とし込む巧さを感じます。デパ地下では、店舗といってもデザインで差別化できるのはショーケースとカウンターバックの壁面だけ。オープンストック的にそのままディスプレイできる"見せられるパッケージ"は、店舗のデザイン自体に幅を持たせてくれます」と評価する。

ただ、店舗のデザインはスケジュールがタイトなことから、パッケージと同時にデザインを進められることは少なく、「やりながら歩調を合わせていく」と君塚は語る。

デザインの進め方について「まずクライアントから"情報"をもらう。それは絶対ですね」と美早は話す。「その上で自分たちの提案をのせていく。当然やりたくないラインみたいなものもありますから、後悔をしないように心掛けています」

プレジュールとの仕事でも、まず商品ありき。クライアントがどんなイメージのお菓子をつくるつもりなのか、そこからデザインが始まるという。クライアントと密なコミュニケーションを取ることで、常に新鮮な感覚を得て、それをデザインに生かす。

父であるテキスタイルデザイナー・粟辻博（故人）を、「常に身近なところからデザインを引き出していた」と二人は振り返る。「自然で、特別でないこと、良いものを生活の中に採り入れていく、それが私たちにとってのデザインです」

強い方向性を導き出していくディレクタータイプではなく、「あくまでも職人的なデザイナー」と自らを評する粟辻デザインの二人。クライアントと密なコミュニケーションを取ることで、常に新鮮な感覚を得

Shop Tools
DM・招待状・ショップ案内・パッケージ

とらやクリーニング　DM
AD＝池澤 樹　CL＝とらやクリーニング

地元の顧客と新規の客層に向けてのキャンペーン。葉書大の紙に描いた50柄のシャツを簡易出力で刷ったものを型抜し、さらに手でシワ加工を施したものをポスティング。しわになったシャツがきれいになるという、誰もが知るクリーニング店の業務内容をデザインし、通常のDMとの差別化を図った。生活圏内だから成立するコミュニケーションといえる。紙はシワにしても破れや割れの少ないマット紙を使用し、斤量も検討した。シャツはあえて写真ではなく色鉛筆でイラストにして、親近感を出している。同じデザインでポスターも製作。こちらはシワではなく、口紅や醤油などのシミが落ちることを伝えるべくデザイン、8タイプつくって店頭に貼り出した。

かげやま
ショップオープン案内

AD＝久住欣也　D＝前川朋徳　CL＝かげやま
赤坂の予約制の飲食店「かげやま」のオープン案内状。封筒には〈ラップホワイト〉を使用し、オモテ面にロゴをのみを印刷。案内状は〈プリマ〉に小高い丘の上に立地するお店までの道のりをイメージした金の箔押というシンプルなデザイン

第一園芸本店
ショップツール

AD＝美澤 修（omdr）　CL＝第一園芸
100年以上の歴史を持つ花店が新たに本店を構えるにあたり打ち出したコンセプトは「粋」。ショッピングバッグのメタリックブラウンを基調に、店舗案内、ショップカードなどに展開。バッグは花の重さに耐える強度面や、耐水性にも配慮した

銀座木村家東京駅店ショップツール

AD＝美澤 修（omdr）
D＝斉藤 茜（omdr）　CL＝銀座木村家
あんぱんで知られる木村家が東京駅構内に出店した、欧州スタイルのパールのためのツール。ショッピングバッグは淡いピンクの帯色やチンドン屋による宣伝風景のイラストは従来のものを意識しつつ、アーチ型の新たなロゴを配し、社名の「木」をモチーフにしたモノグラムを使用するなどモダンにアレンジ。フレキソ印刷を使用

アクタス店舗用パンフレット

CD＝宮崎真　AD＝久住欣也
D＝前川朋徳＋中平恵理　CL＝アクタス
インテリアショップ・アクタスの店舗で配布されたパンフレット。「キモチカタチ」のパンフレット（上3点）は、人を喜ばせるためのアイデアをテーマに、イラストレーターに松林誠、早乙女道春、丸山誠司を起用。「ecocochi」のパンフレット（下3点）は、アクタスのエコについてのメッセージを上質紙に2色印刷でシンプルに紹介している

Brooklyn Parlor
プレス・キット

AD＝尾原史和　D＝SOUP DESIGN
CL＝ブルーノートジャパン
ブルーノートジャパン プロデュースで新宿にオープンした、音楽、本、食を融合させた「ブルックリン・パーラー」のプレス・キット。ブルックリン・ブリッジをメインビジュアルにタブロイド判案内状、ノベルティとしてCD、上製のノートなどを制作。ブックディレクションは幅允孝（BACH）が担当している

アウトバウンド　出版企画「OUT BOUND」

AD＋D＝森大志郎　CL＝メンディークス
見極められたさまざまな"美しい　道具"を取り扱う店が、その道具をつくる作家との協働編集を基本として、印刷物を制作する過程におけるさまざまな実験と批評をかたちにしようという出版企画。個別の内容にかかわらず、最終的には同じサイズが仕上がりとなるフォーマット

ヨックモック　ギフトパッケージ

CD＝CIA Inc. the brand architect group
AD＝板倉敬子　CL＝ヨックモック
贈答品というイメージの強かった従来のパッケージに対し、板倉は気軽な手土産として購入してもらえるようにと、小分けにした洋菓子を収めるための円筒形のPETをデザインした。さらにハナミズキをモチーフとした従来のロゴを現代風にアレンジし、PETや箱、紙袋の表面にパターンとして用いることで、イメージを少しだけシフトしている

田中照明　カレンダー

AD＝池澤 樹　CL＝田中照明
コマーシャルなどの照明を手がけるクライアントの特性をデザインに反映させた。白い表面で「光」、黒い裏面で「影」を表現。さらに1月から12月になるにつれて折り曲げる影の部分が長くなる。自立しやすさに加えて折り曲げても割れにくい厚みの紙を選択。型抜ではなく簡易カッターを用いることで、コストを抑えている

モスバーガー　店舗用カレンダー

AD＝大野瑞生　CL＝モスフードサービス
成人の日の近くに晴着の人を、メーデーには労働運動を、海の日にはサーフボードを持った人を、勤労感謝の日には寝そべったサラリーマンをというように、月、日、曜日と人の行動のイラストをあわせて休日や季節を2色で表現。おおまかにすることで、かえって「この日は何の日だっけ？」と思わせる仕掛け

028

MAMEW オープニングインビテーション
ノベルティグッズ

AD＝good design company
CL＝ドットジェーピー

化粧品ブランドMAMEWのイメージカラーは白。代官山店オープン時のインビテーションは、ブランドの世界観を伝え、もらった人がずっと持っていたくなるようなものを意識して制作。周辺の地図やイメージビジュアル入りのポストカード、コインや空を写した写真のフィルムなど、さまざまなノベルティグッズを白いボックスに詰め込んだ

Baden Baden
店舗用グラフィック

AD＋D＝セキユリヲ　CL＝Baden Baden

「静かな住宅街にある一軒家」というお店の魅力を、スドウピウが描くお菓子のような絵をモチーフにして表現。風合いのある紙をセレクトし、定型サイズではなく特徴的な形を採用するとともに、書体をはじめ細部にこだわることによって、控えめながら特別な存在感を生み出した。落ち着いた黄緑はショップのキーカラー

Ciaopanic　イベントツール

AD＝池越顕尋　CL＝Ciaopanic

セレクトショップらしい色とりどりな感じを求め、モノによってかっちりしていたり、逆に遊んでいたりと、敢えてターゲットを絞りすぎないように注意している。ブランドのイメージカラーから来る身近な風景やモノをデザインに落とし込むようにしているとか

東京銀座資生堂
ビルフロア案内

AD＝平林奈緒美　CL＝資生堂

銀座を代表する「赤いビル」のたたずまいを感じることができるよう、カバーには朱色の〈さとがみ〉を使用し、文字を箔押。フロア案内本体はザラッとした紙に対して金色の文字を活版で刷り、ギャラリー、レストラン、多目的スペースがゆったりと配置されている建物が放つ、華美でない贅沢な空気を再現している

Salon　オープニングインビテーション、ノベルティグッズ

AD＝good design company　CL＝Salon

「特権」をコンセプトに銀座にオープンしたヘアサロンのために、金箔の飾り罫を共通モチーフに制作。インビテーションボックスは蛇腹の紙の間に、小袋に入ったピンバッチが挟まれており、箱を開けるとピンバッチが落ちてくる。オープニング時に配布したメイキング写真集は、表紙は質違いの箔を2度押しし、天金も施している

Fashion
DM ● 招待状 ● ノベルティ

八木通商　コレクション招待状
AD＝久住欣也　D＝坂口智彦
CL＝八木通商
MACKINTOSH、three dots、MONCLER、J & M DAVIDSON などのブランドを扱うアパレル販売会社のコレクションの招待状。封筒に〈ファーストヴィンテージ〉シルバーを使用し、コレクション発表の日付の部分を型抜、下からビビッドな色が印刷された招待状が見える

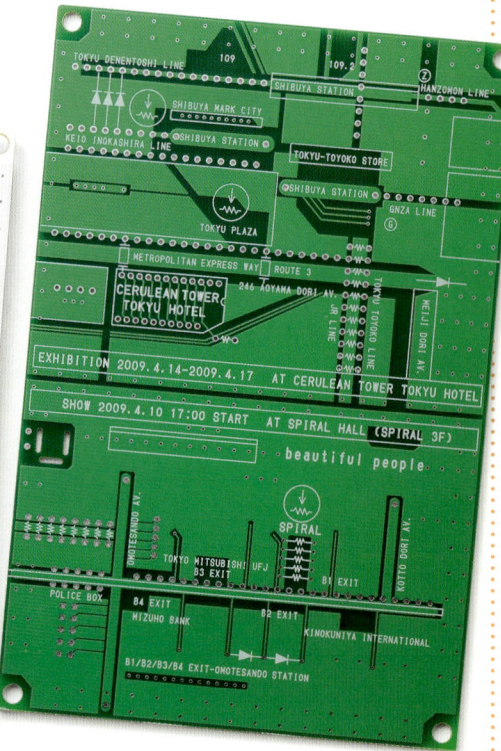

beautiful people DM
AD＝平林奈緒美　CL＝beautiful people

クライアントが自分たちで展開してきた、ポスターなどが持っている良さ（写真下）はそのまま保ちながら、このブランドの力をより発揮させるべくデザインしたDMの素材は「基盤」。2009秋冬コレクションに多用されていた、秋葉原で売っていそうな細かなパーツから着想を得て、印刷ではなく基盤そのものを使用。基盤専門の工場に依頼した。穴の位置と大きさ（2種）が指定できることをデザインに活かし、案内図の情報に取り込んでいる。緑のほかに黄、赤、青、黒、白を試作した上で緑を選択。仕上がりの書体は入校時とは異なったりと、通常の印刷と違うプロセスと結果があったものの、要となるものがぶれていなければOK という姿勢のもと、制作を進めた。

apart by lowrys ノベルティーグッズ

AD＋D＝青木康子
CL＝Point inc.
アパレルメーカーポイントの1ブランド「apart by lowrys」のノベルティーグッズ。アパートのカギをモチーフに、バッグや店内でのリザーブ用のアクリルのカギ、とめ部分をカギ状にした封筒、タグなどを制作

Ropé picnic プレスリリース

AD＝大島依提亜　CL＝ジュン
「P」の文字を型抜きしたカバーからのぞいて見えるのは、テーマである「リセエンヌ」を象徴するタータンチェック柄。赤と緑の2パターンを用意し、渡す相手に合わせて入れ換えられるようにしている。中身はノート風で、紙はノートそのもの。3サイズつくり、裏面はメモを書けるようにするなど、ノートらしさを演出している

The Viridi-anne コレクション招待状（2009-10秋冬）

AD＋D＝大原健一郎
CL＝キャタピラープロデュイ
2009/10秋冬のテーマである、内部に生命を宿した「さなぎ」独特の物質感を表現。ブランドを象徴する色である「黒」の案内カードはロウ引き加工し、それを1枚1枚手作業でシワ加工した薄いグラシン紙の封筒で3重に包み、ほんのり中身が透ける状態に。案内カードの文字には、昆虫を連想させるホログラム箔を使用している

TOUJOURSカタログ

AD＝平林奈緒美　CL＝TOUJOURS
掲載アイテムは少数ながら、ブランドのイメージとコレクションの特徴がしっかり伝わるよう、世界観を凝縮。ケースはベージュ色の〈NTラシャ〉に紺を刷って型抜＋活版で、時代を経て色褪せたような風合いに（左）。モノクロ写真のほうが伝わりやすいシーズンはモノクロのみ（右2点）、あえてラフに紙に折り目を付けているシーズンもある（中）

ルールマラン店舗用グラフィック

AD＋D＝小栗卓巳　D＝長川吾一＋島田玲奈
CL＝MELROSE co.,ltd「Lourmarin」
ブランド名は南仏に実在する、昔ながらの街並みが残る小さな村の名。この村のイメージと、ブランドのコンセプトであるアンティークから、古い糸をモチーフに。糸の形に型抜し、撮影も効果的に行い、本物の糸が置いてあるかのような立体感をつくり出した。重ね合わせてまとめる際には、同色の糸を巻くように仕立てている

LAD MUSICIANコレクション招待状（2010春夏）

AD＋D＝黒田雄一（LAD MUSICIAN）
CL＝LAD MUSICIAN
古いライブ音源が、デジタルリマスターの技術でよりブラッシュアップされ、新しい価値観をもたらすという"All Songs Digitally Remastered"がシーズンのテーマ。テーマとは反比例した、黒いアナログのカセットテープをあえてチョイスし、ラベルの部分にコレクション情報をホログラム箔で印刷している

HERE ショッピングバッグ

CD＋PL＝K.K.H.K-brand design
AD＝板倉敬子　CL＝HARE
メンズファッションブランド「HARE」のセール専用の紙袋。ブランドロゴをマチ面に集約し、「SALE」という文字を目一杯アピール。口を留めるステッカーに割引クーポンを付けることで、セール客が再び来店するように促している。ちなみにクーポンの裏はノリが付いていないため、そのままちぎって渡すこともカンタン

カルティエクリスマスコレクション（2008）招待状

AD＝美澤 修（omdr）　D＝竹内 衛（omdr）
CL＝リシュモン ジャパン カルティエ
誰もが知るラグジュアリーブランドのイメージを保ちつつ、新たな世界を構築するというバランスを意識してデザイン。封筒の紙は〈スタードリーム〉、コレクション会場案内図には〈エヴァネソン〉を使用。インビテーションカードは、ロゴマークとブランドを象徴するレッドボックスのパターンを金で箔押し、紙という平面のなかで立体を表現している

THREEローンチ発表会招待状
THREE 2010 春夏コレクション発表会招待状

AD＝浜田武士　CL＝THREE

ブランドのテーマ「自分らしい素肌をつくる」「天然自然原料へのこだわり」を伝えるために天然原料をトレペの封筒から透けるように処理（右）。写真左は、商品のカラーラインナップの元となっている、メイクアップアーティスト RIE OMOTO の NY での日常に感じられる、夜明りの空のグラデーションを表現した

バカラ クリスマスDM

AD＝美澤 修（omdr）　D＝竹内 衛（omdr）
CL＝バカラ パシフィック

ブランドが毎年出しているチャーム、干支の置物などの商品をしっかり見せつつ、大小のドットでデザインした雪の結晶をバーコ印刷で施し、クリスタルの透明感をマットな紙〈Mr.B〉との対比で表現。クリスマスシーズンの DM というと画一的になりがちななかで、緑や赤といった色を使うことなく季節感を演出している

minä perhonen コレクション招待状
（2009-10 秋冬、10 春夏）

AD＝名久井直子　CL＝minä perhonen

右の招待状では、キノコの部分をオーナメントとして使用できるように、厚みがあって柔らかい素材を採用。凸版で印刷後、紐を通す穴を設け、一番端のキノコには赤いリボンを結んだ。左の招待状では、春夏のテキスタイルにある空き箱の「透視図」風のモチーフを封筒に活かし、透過性と海外へ送付できる強度を考慮してロウ引き加工を施した

Original Goods
デザイナーのオリジナルプロダクト

good morning
オリジナルカレンダー
AD＝田村克実　CL＝good morning inc.

国内のみならず、いまや海外のミュージアムショップ、セレクトショップでも販売されているgood morningのオリジナルカレンダー。ハサミやカッターを使うことなく、平面を組み合わせることで何の支えもなしに自立するというところに人気が集まっている。企画、デザインを行っているgood morningは、1988年設立のデザイン事務所であり、企業のCI、VIやブランドブックの制作というコミュニケーションデザインを業務の中心としている。クライアントに対するカレンダーの提案から、どんどん独創的なアイデアが広がっていき、2001年から自主的に販売を開始したのが発端。やさしい手触り感を重視し、厚紙に〈アラベール〉などのファンシーペーパーを合紙しているというのも特徴だ。

salvia works ステーショナリー

AD＝セキユリヲ　D＝原田美佳子　CL＝マークス
プレゼントに添えるのに便利な、手のひらサイズのグリーティングカード。傘の形状に型抜きされた部分に水玉模様のカードを重ねれば、水玉模様の傘のできあがり。受け手に、ちょっとした驚きを与える狙い。紙は〈ピーチケント〉を使用している

中川政七商店　木版散華

AD＝good design company　CL＝中川政七商店
仏を供養するために花を散布する法要を散華と言い、現在は蓮の花びらの形をかたどった色紙が用いられることが多い。この散華を現代的にアレンジし、5名のクリエイター（水野学、大塚いちお、菊地敦己、植原亮輔、平林奈緒美）のデザインと木版による熟練の技が組み合わさったメッセージカードを制作。無病息災を願う気持ちと贈る気持ちを伝えている。たとう紙には各人ハンコが印字されている

CLASSICS THE SMALL LUXURY
ハンカチ

AD＝高井薫、引地摩里子、徳田祐子
CL＝ブルーミング中西
直営店「CLASSICS THE SMALL LUXURY」で限定販売されているハンカチ。ハンカチを使うシーンやそこから生まれるコミュニケーションからイメージを膨らませる高井薫（左）、自身のイラストを用いグラフィカルな表現をする引地摩里子（中）、ハンカチを立体と捉え、表現を追究する徳田祐子（右）というサン・アドの3名が、毎年20柄ほどを展開する

デスクカレンダー
wave motion　レフィル

AD＋D＝平野敬子　CL＝鹿島建設
曲線を描く2枚のアクリルで紙を挟み込むだけというシンプルな構造ながら、美しくやわらかなフォルムが人気のwave motion。2009年、新しいレフィルパッケージが登場した。緩やかに曲げられた紙のかたちそのままにパッケージングすることで、最終形のイメージを段階的に伝えることに成功している

nico　付せん

AD＝佐野研二郎　D＝村上雅士　CL＝nico
単調な毎日の仕事や勉強のなかに、少しだけでも彩りを添えられるようにと考えられたステーショナリーシリーズ。明確な形を持ったモチーフは、細かく緩やかな曲線があることから、型抜はズレが生じないように留意。また、書いた文字がきれいに見えるように、グレーの階調に気をつけるなど、実用面もフォローしている

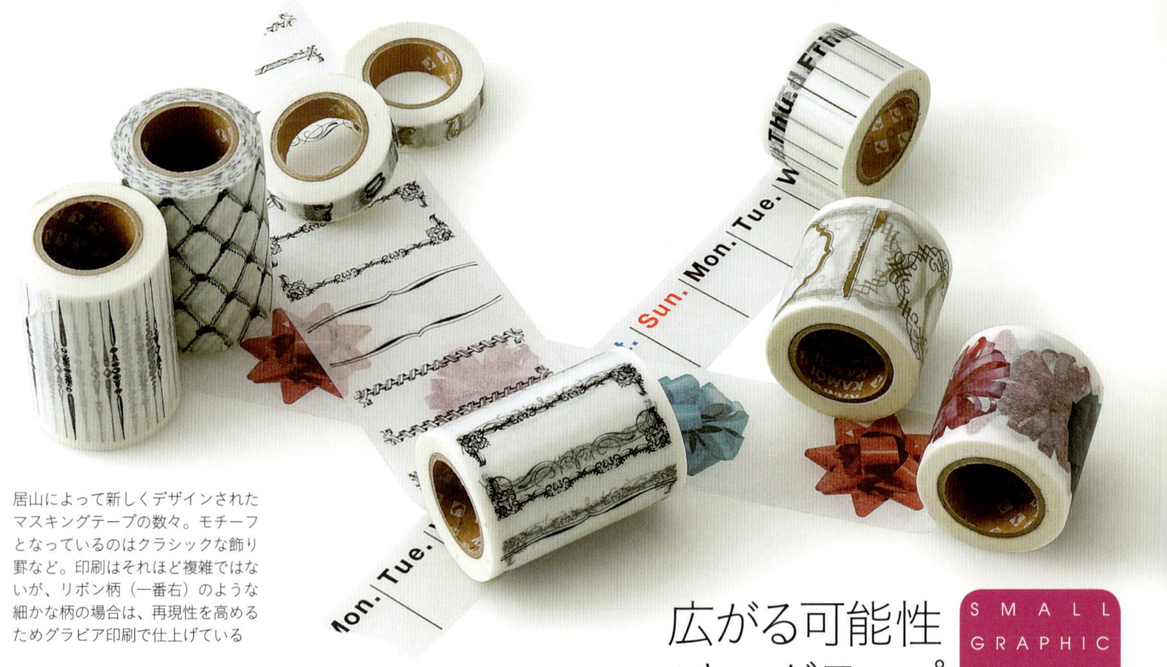

居山によって新しくデザインされたマスキングテープの数々。モチーフとなっているのはクラシックな飾り罫など。印刷はそれほど複雑ではないが、リボン柄（一番右）のような細かな柄の場合は、再現性を高めるためグラビア印刷で仕上げている

広がる可能性 マスキングテープ
mt by Koji Iyama

SMALL GRAPHIC COLUMN 1

地味な業務用のマスキングテープがいま雑貨、そしてインテリアアイテムとしての価値を見いだし始めている。

取材・文／猪飼尚司
撮影／山田薫

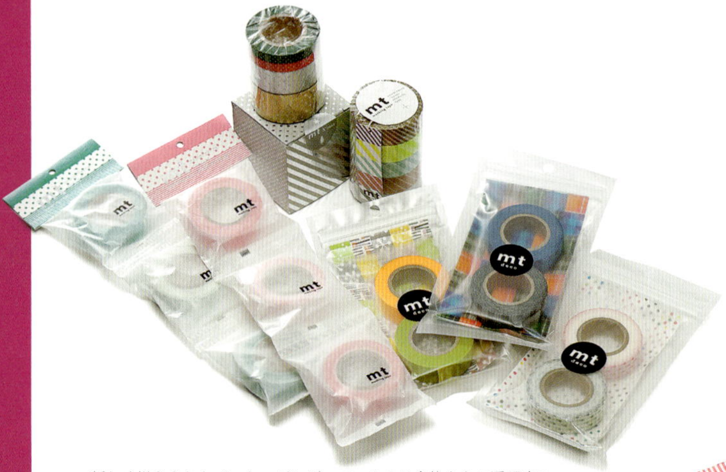

新しく揃えられたパッケージング。フィルムは今後さらに透明度の高いものを採用し、中身を見やすくする予定だという

子供向けワークショップのためにつくられたのは、動物のモチーフが連続的に並んだポップな色合いのもの

2009年10月20日から1週間、東京・早稲田にあるギャラリーLIFTで開催された「mt ex」展の会場風景。短い会期にもかかわらず女性客を中心に多数来場し、限定商品はあっという間に売れてしまったとか。展示の企画と会場のアートディレクションも居山が行っている

　ペンキを塗るとき養生用に使われるマスキングテープ。その使用用途は業務用に限定されることから、これまでは無地がほとんどで、売り場も日曜大工ショップなど限定されていたこのテープに、今まさに大きな変革が訪れている。
　倉敷に本社を構えるマスキングテープメーカー、カモ井加工紙がデザイナーの居山浩二と組み発表している「mt」シリーズがそれだ。マスキングテープ大好きという女性が個人的にカモ井加工紙にオリジナルカラーをオーダーしたことが事の発端。個性的なテープの開発に市場価値を見いだしたカモ井加工紙は、女性の知り合いであった居山浩二に相談を持ちかけた。
　居山は、まずロゴとパッケージのあり方を再考。名称を強く印象づけるためにボールドなロゴを制作するとともに、商品自体の魅力を十分に伝えるよう、透けた素材をパッケージに使用。シールやロゴの入る場所も調整した。柄物を提案する一方、マスキングテープの使い方をもっと幅広くとらえてもらおうと、09年10月には東京で「mt ex」展を開催。ここで居山はテープ幅の広いmtを発注し、壁や天井などに部分的な壁紙のように使い、mtがインテリアプロダクトとしての価値を持つことを証明した。
　売り上げは好調を極め、各所から展覧会再開のオファーが来ているというmt。次にどのような展開で私たちの目を楽しませてくれるか期待したい。

Culture
映画・展覧会・演劇・アワード

映画「おと・な・り」
DVDボックス、パンフレット
AD＝大島依提亜　CL＝ジェイ・ストーム

主人公の2人がアパートの隣人で物語がパラレルに進むという構造を、パンフレットにも活用。ダブルの観音開きでそれぞれ中綴じにし、男性を右綴じで縦書き、女性を左綴じで横書きと異なる構成に。2人それぞれのストーリーが展開し、時に出会うという仕掛けをつくっている。特装版のDVD BOXは主役の男性のカメラマンという役をより深く伝えるため、ボックスは印画紙のケースを思わせるデザインに仕立てて、ポラロイド写真（実際はキャストコート系の紙に印刷し、マットニス引き）、35ミリのポジフィルム（透明のシートに印刷）、写真集を制作。「一点物感」のあるポラロイドやポジフィルムが、特装版らしさを引き立てている。

高木正勝「タイ・レイ・タイ・リオ」コンサートチラシ、
パンフレット、CD、神話集『タイ・レイ・タイ・リオ紬記』

AD＋D＝近藤一弥　CL＝エピファニーワークス
音楽家／映像作家の高木正勝のコンサートチラシやパンフレット、その音源からつくられたCDと文庫本を架空の古代文明を思わせるようなパターンイメージでトータルに表現。パンフレットは同じ内容のものを折り方を変えることで4種類を制作した。CDとセットの文庫本の特製しおりにはスピンの代わりに、細い4本の糸がまきつけられている

パパ・タラフマラ「パンク・ドンキホーテ」
「Nobody, NO BODY」公演チラシ

AD＝葛西薫　D＝引地摩里子
I＝葛西薫＋引地摩里子　CL＝パパ・タラフマラ
ダンスシアターカンパニー「パパ・タラフマラ」の新作公演は、セルバンテスの『ドン・キホーテ』とサミュエル・ベケットの『ゴドーを待ちながら』をパパ・タラ流に大胆アレンジ。台本や演出イメージから、登場人物たちのどうしようもなく哀しく愚かで愛おしい世界を、奇妙奇天烈な顔やタイトル文字で表現

「万華鏡の視覚」展
チラシ、招待状、チケット

AD＝氏デザイン　CL＝森美術館
光や音など人間のあらゆる感覚を刺激するような、さまざまな現代アート作品を一同に会する展覧会の小型グラフィック。大量に制作するチラシは4色と銀箔で構成。より数が少ないオープニングレセプション招待状とチケットは〈スペシャリティーズ〉にオペークを施している

映画「プール」チラシ、パンフレット

AD＝大島依提亜　CL＝スールキートス
チラシは背景が写真バージョンのほかに、植物などを線画で描いたイラストバージョンがあり、イラスト版を先に配布した。パンフレットは四角く型抜きした表紙の次に〈クロマティコ〉アクアにさらに青緑を印刷して深みを足したものを用い、プールの色をつくり出した。その後のページもすべて同じに型抜している。必要な文字量が入ることを検証した上で作業を進めた

038

山種美術館ミュージアムグッズ ペーパーバッグ、クリアファイル

AD＝仲快晴＋将晴（アドアーツ）
CL＝山種美術館
紙袋は日本画の風合いを活かす和紙、クリアファイルは厚手で透明度の高い樹脂とパールインキを使用。同一絵柄に和紙、PET、マットコート紙などさまざまな素材を用いることでの印刷時の色の差異をなくすため、各素材のプロファイルを制作、カラーマネージメントを徹底した。広色域インキを用いて、繊細な絵柄の細部も再現している

D&AD2008展グラフィック

CD＝古川裕也（電通）　AD＝八木義博（電通）
D＝木村洋（カタチ）
CL＝吉田秀雄記念事業財団／アド・ミュージアム東京
D&AD2008展の告知のための「ペンシル型に折って送るDM」と「六角形に折って包むパッケージ」を制作。いずれも開くとポスターにもなる。D&ADで受賞者に贈られるペンシルと、D&ADのロゴである六角形をモチーフにデザインし、懐かしい風合いと手づくりの温かみを出すために、ざらっとした手触りのクラフト紙を選択している

湯田アートプロジェクトグッズ

AD＝氏デザイン
CL＝山口情報芸術センター［Y-CAM］
山口情報芸術センター［Y-CAM］と山口市・湯田温泉の共催によって、温泉街をメディアアートで彩るプロジェクトのために制作されたパンフレットやタオル、手ぬぐい、シール。「湯」をシンボルマークにさまざまに展開

TCC賞授賞式招待状

AD＋D＝重冨健一郎（I&S BBDO）
C＝岩田秀紀（I&S BBDO）
CL＝東京コピーライターズクラブ
深夜のファミレスや居酒屋でもコピーの事を考えているコピーライターが、ふとひらめいて書き留める「紙」に注目し、紙ナプキン、コースター、はし（はし袋）、付箋を、素材からディティール至るまで忠実に再現。できるだけ手書きの文字を残し、コースターでは「TCC」の文字をコーヒー4杯分のシミで表現した

MTVアワード招待状

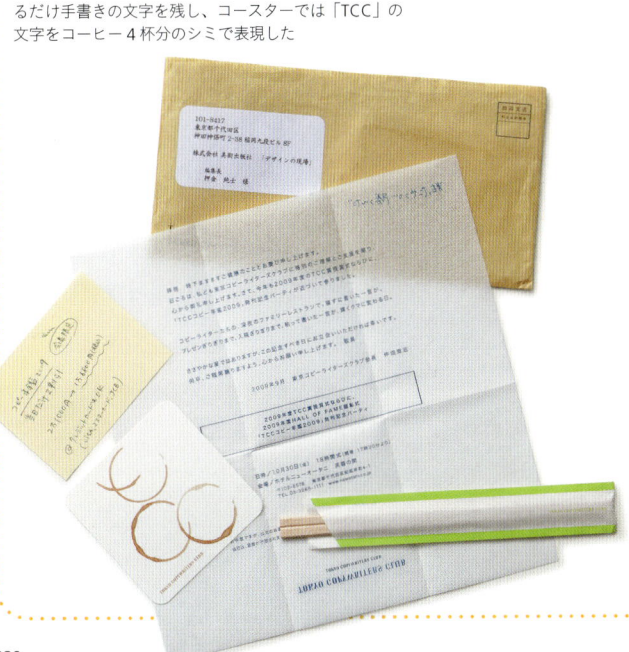

AD＝StudioKanna　CL＝エム・ティー・ヴィー・ジャパン
ドットを基調としたグラフィックと、紙色の白、グレー、印刷の金、銀のみでイベントのテーマ「Super Sence」を表現。紙の質感が制作物のたたずまいに表情をプラスしている。招待状を送付するのに使用した封筒（写真左）では、厚紙の裏面をおもて面として使用。内側に隠れた面（本来のオモテ面）にはスポンサー情報を配置

東京国立近代美術館
特別招待状
AD＋D＝平野敬子　CL＝東京国立近代美術館
美術館全体のVIを手がけている平野敬子は、企画展の特別招待状において、基本フォーマットは同じくしながらも、封筒や手紙の裏面に異なるサイズのグリッドを使用した。制作物一つ一つに細かな表情の違いを持たせることで、それぞれが異なる意思を持っていることを表現している。同様のデザインが名刺にも応用されている

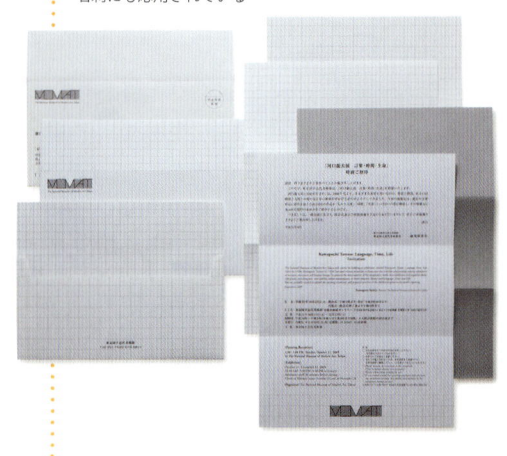

「ルーブル美術館展」
プレス発表会案内状、チラシ、プレミアムチケット
AD＋D＝Glanz　CL＝朝日新聞社
予算がある程度かけることのできる大規模展覧会のプレス発表の案内は〈ルーセンスS〉に金で印刷、さらに薄紙の〈カラペ〉で包んだ豪華なもの。またチケットは〈OKミューズガリバーエクストラ〉のオモテ面に箔押と型抜を施し、丸い窓から池田理代子のイラストが覗くようになっている

小金沢健人
「動物的」フライヤー
AD＝菊地敦己
CL＝丸亀猪熊弦一現代美術館
小金沢健人の作品「ベラ人間」が持つ質感を、フライヤーとして再構築。人の絵の周りには切り取り線がはいっており、切り抜いていくと、裏側からは模様が現れる。抜いた部分を垂れ下げた状態がこのフライヤーの完成型。写真で作品を映し出すよりも「面白そうなことをやっている」というメッセージ性を優先した

池田亮司 +/−［the infinite between 0 and 1］展グッズ
AD＋D＝近藤一弥　CL＝東京都現代美術館
電子音楽分野の第一人者として、世界的に注目されている作曲家／アーティストの池田亮司の大規模な個展のために制作した展覧会の招待状、チケット、Tシャツやポストカードなどのグッズ、カタログ。モノトーンで、極限までにミニマルなデザインを追求することで、池田特有のデジタルかつミニマルな作風を表現している

資生堂ギャラリー
オープニングレセプション招待状
AD＋D＝青木康方　CL＝資生堂ギャラリー
主に現代美術をあつかう、資生堂ギャラリーのDMと展覧会オープニングレセプションのセット。火薬などを使う作品で知られる蔡國強（右上）の展覧会では、紙が焼けたようにレーザーで穴を空けたり、アフリカン・アメリカン・キルトの展覧会（左上）では封筒に糸をつけたり、大巻伸嗣の場合は作品のイメージである花が封筒からあふれるようなイメージで制作

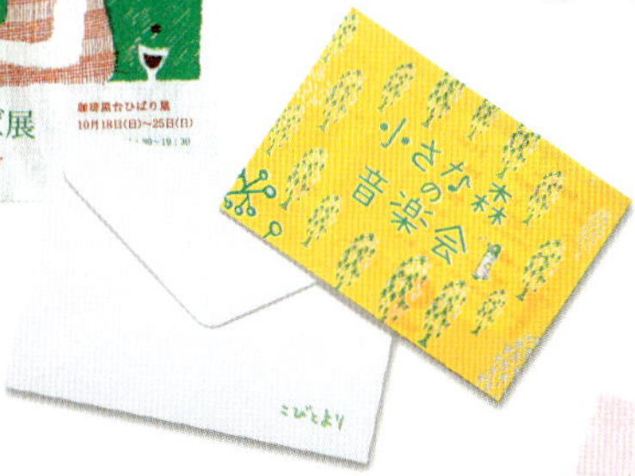

SMALL GRAPHIC COLUMN 2

安い！ 楽しい！
注目のレトロ印刷

薄っぺらなわら半紙に、鮮やかな蛍光色で文字を刷る……
そんな、素朴で味のあるチラシを
とにかく安く印刷できると話題の印刷会社、
レトロ印刷JAMを紹介する。

取材・文／編集部
撮影／村上圭一

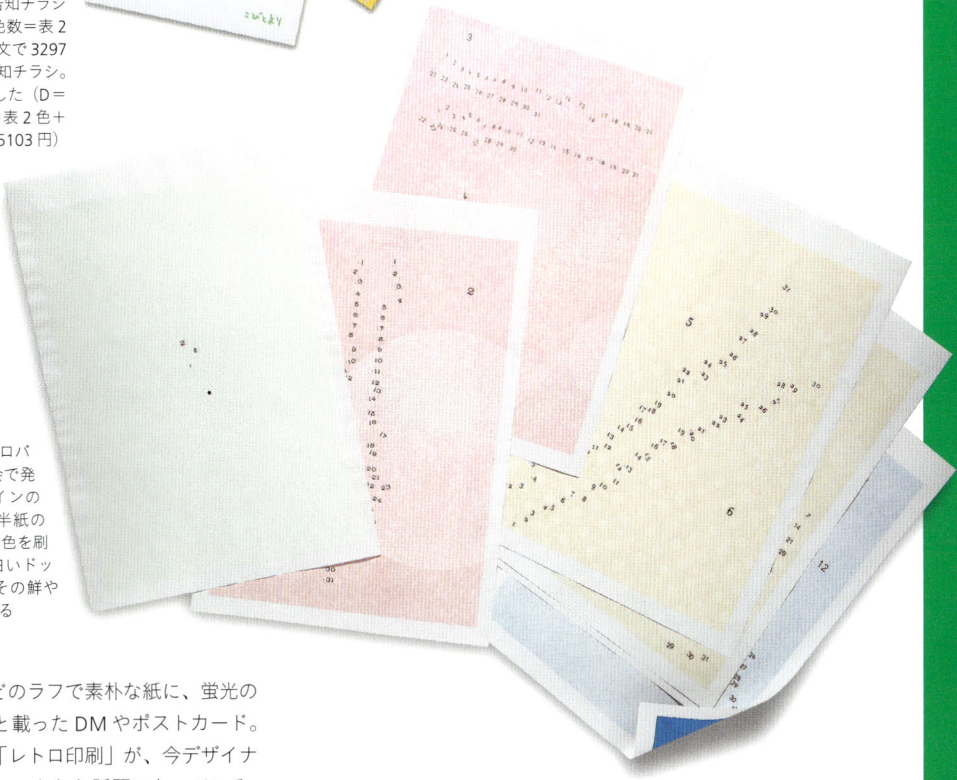

レトロ印刷で刷られたチラシ3種。左はイベント「Licorice」の告知チラシ（D＝小坂稔　サイズ＝A6判　色数＝表2色＋裏1色　印刷料金＝1500枚注文で4632円）。中央は那覇市で行われた「くるこば展」の告知チラシ（D＝吉見綾子　サイズ＝A5判　色数＝表2色＋裏1色　印刷料金＝600枚注文で3297円）。右は「小さな森の音楽会」告知チラシ。4つ折りにして封筒に入れて送付した（D＝梅木駿佑　サイズ＝A4判　色数＝表2色＋裏2色　印刷料金＝200枚注文で5103円）

今年の7月に東京のロバロバカフェで行われた展覧会で発表した、居山浩二デザインのカレンダー。薄いわら半紙の裏面それぞれに鮮やかな色を刷り、タイポグラフィと白いドットで構成した表面に、その鮮やかな色が透けて見えている

わら半紙やハトロン紙などのラフで素朴な紙に、蛍光の鮮やかなインキがベッタリと載ったDMやポストカード。そんな、懐かしい風合いの「レトロ印刷」が、今デザイナーやアーティストの間でちょっとした話題になっている。風合いのある紙を使いたくても、品質が不安定なことや紙粉の問題を理由に、受け付けてくれない印刷会社も多いという。そんな問題も含めて、印刷物の質感を楽しみたいデザイナーから、レトロ印刷が支持されているのだ。写真上のチラシをデザインした吉見綾子も「印刷のズレや、仕上がりが均一でないところがいい」と、その魅力を語る。

この印刷を専門に行っているのが、大阪にある印刷会社、レトロ印刷JAMだ。理想科学工業の印刷機「リソグラフ」（今は生産終了となった「プリントゴッコ」などと同じ孔版印刷の方式）で印刷されている。1版ずつ塗り重ねる方式なので、写真の再現性は低く、版ズレや非塗工紙特有のニジミもおきるのだが、それが工業的な質感のオフセットでは出せない独特な味として、人気を集めている。

特筆すべきはその安さ。ポストカード片面2色印刷の場合、100枚2005円〜と手軽な価格で注文できる。送るときっと喜ばれる、風合いのある一枚を、つくってみよう。

レトロ印刷JAM　大阪府大阪市北区本庄西1-6-14 第一明和ビル1F
TEL.06-6485-2602　jam-p.com（ウェブ上での注文も可能）

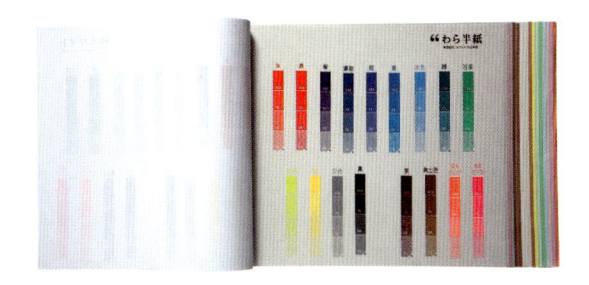

用紙はわら半紙や色紙などの20種類から選ぶことができる。色は20色から。見本帳も用意されている

色数	表1色	表2色	表1色＋裏1色	表2色＋裏1色
50枚	1428円	1795円	1848円	2215円
100枚	1638円	2005円	2058円	2425円
200枚	2058円	2425円	2478円	2845円

ポストカードを印刷した場合の料金表。蛍光色を選んでも料金は同じ。
（＊用紙は最安価のもので算出。税込価格）

Corporate
社内ツール・学校案内・営業ツール

モリサワ
メモパッド＆包装紙
AD＝大日本タイポ組合　CL＝モリサワ

一見グリッド状に罫線が書かれているだけのようだが、じっと見ていると、罫線から「モリサワ」の文字が浮かび上がってくる。「メモパッドとしての実用性がありながら、フォントメーカーらしいものを」と考えた大日本タイポ組合は、モリサワの文字を縦横の罫線に展開し、「ロゴは入っていないけど、すべてのページにモリサワという文字が見える」というユニークなメモパッドを開発した。2002年にコクヨから罫線に文字を使用したノートを発表した経験を十分に活かし、罫線らしさを出すため線の太さを一本一本微妙に変えるなど、ディテールにこだわっている。クライアントの依頼により、現在増刷を図るとともに、デザインを踏襲した包装紙も作成した。

学士会 終身会員募集の
チラシ、会員証、名刺
AD＋D＝榮良太　C＝下東史明　CL＝学士会

旧帝国大学系の7大学の学士が、希望すれば会員として入会できる「学士会」のロゴデザインと終身会員募集を知らせるチラシ、名刺など。7大学なので7角形とし、原石である個人の集まりということを意識したロゴを中心としてデザイン。金色を用い、伝統と重み出している

バニスター 会社案内

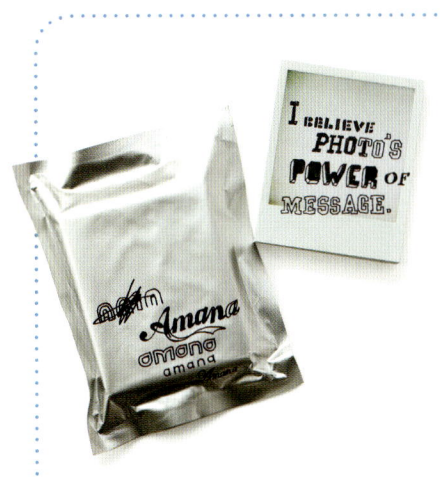

AD＋CL＝バニスター

クライアントをそっと見守りながら、しっかり支える「バニスター＝階段の手すり」という社名をかたちで表すべく、B4版クロス貼りという重厚感のあるファイルケースのなかに、〈ハーフエアコルク〉に活版で刷った会社案内が入れられている

amana　メモパッド

AD＋D＝長嶋りかこ　D＝水溜友絵
CL＝amana

フォトストック事業を行うアマナ。自社にカメラマンがいてクリエイティブな撮影も出来る事は、意外とまだまだ知られていないらしく、営業用ツールとしてつくられたメモパッドは、ポラロイド写真のイメージをそのまま活かしたものに。厚手の紙に型押、印画紙の風合いを出すとともに、フィルムパッケージに入れてリアルさを追究した

tecono　会社封筒、名刺

AD＝池澤 樹　CL＝tecono

てこをモチーフにしたロゴは、社名の頭文字「t」を横に倒して反転させたものでもある。名刺はバーコ印刷で盛り上げ、情報を強調。封筒のスミはスーパーブラックで印刷した。白地とスミの強いコントラストとロゴマークの潔さが、相乗効果を生んでいる

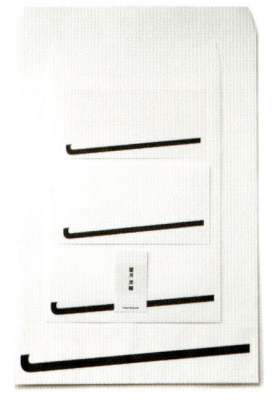

MR_DESIGN　会社封筒

AD＝佐野研二郎　D＝村上雅士
CL＝MR_DESIGN

会社封筒をシーズン毎に変えている佐野研二郎。今回は、オリジナルプロダクトである「nico」が海外有名店で販売開始したことを知らせるために刷新。封筒はシンプルながら、シルバーとスミの模様でどこまで細かく諧調を表現できるかにトライした

GWG inc.　会社封筒、挨拶状

AD＝池越顕尋　CL＝GWG inc.

ブランドカラーのグリーンで色味を統一。柔軟さを表現しながらも、遊びすぎないように注意した。既存にはないこだわりのグッズをつくろうとすると、国内では意外にも金額が高くつくことが判明し、ロサンゼルスや香港などで製作を行ったものもあるとか

立教学院　オリジナルグッズ

AD＋D＝山﨑晴太郎　CL＝立教学院
創立135年周年記念「立教学院デザインポスタープロジェクト」に端を発したオリジナルトランプをはじめ、立教大OB用につくったノートや、立教大在校生用のクリアファイルなど、小学校から大学に至るまでの複層的情報を、同じレイヤーのデザインに落とし込んでいる

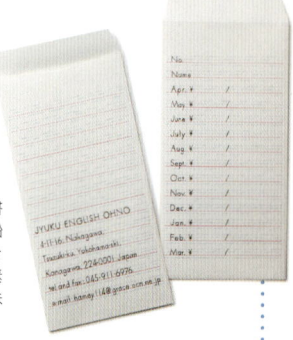

徳島大学　学部案内および博士課程案内

AD＋D＝遠藤一成　CL＝徳島大学
文系／理系の枠を越えた人材を育成するという新設の「総合科学部」を体現すべく、風合いのある白い紙（文系の象徴）に金属箔／UVシルク（理系の象徴）を施すことで、異なる二つの要素の融合を表現。冊子は広げるとポスターとして転用できるようにデザインされている

英語塾の月謝袋

AD＝大野瑞生　CL＝塾 EnglishOhno
個人経営の英語塾のための月謝袋。英語の書き取りの練習に使う罫線の入ったノートに鉛筆で手書きで住所などの文字を書いたものをそのまま活かしている。あまりにも身近な素材をひねらないで使うことで、逆に新鮮な味わいを出している

武蔵野美術大学　オープンキャンパスグッズ

AD＋D＝古屋貴広　PR＝種市一寛（FLATROOM）
オープンキャンパス時に配布されたさまざまなアイテムは、来場者に「この大学に入りたい！」「ほかの大学よりもかっこいい！」と感じてもらえるようにデザイン。情報が明快かつ一瞬で伝わるように、色、文字、写真すべてにおいて「分かりやすさ」を強調した

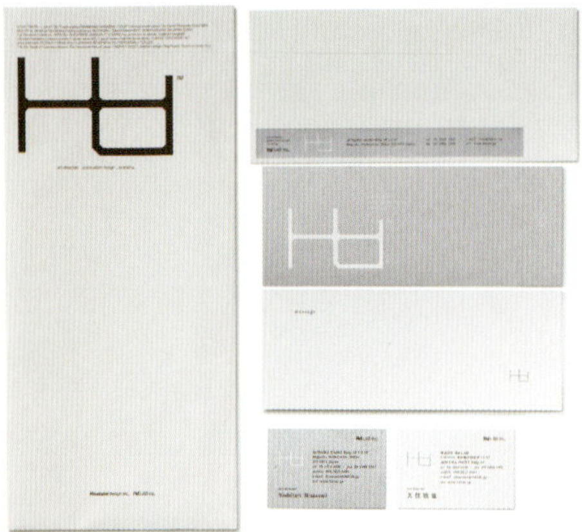

Hd LAB inc.　封筒、名刺

AD＝久住欣也　CL＝久住デザイン
Hd LAB（エイチ・ディー・ラボ）は、組織改編にともない、久住デザインのデザイン制作部門として新たに設立されたもの。「H」と「d」を組み合わせたロゴを基本に、銀やスミを使用してモノトーンに統一。封筒、メッセージカード、名刺などを制作した

イラストレーター　日野俊臣　会社封筒、メモ帳

AD＝池澤樹　CL＝日野俊臣
クライアントの名前のパーツで顔を表現。ウィンクしているような表情をマークとして展開している。名刺は〈Mr.B〉に簡易印刷を施したことで、通常の印刷以上にスミにテカリが生まれ、光沢とマット感のバランスが成立している

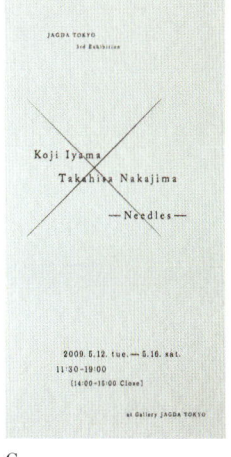

SMALL GRAPHIC COLUMN 3　"JAGDA TOKYO" DMギャラリー

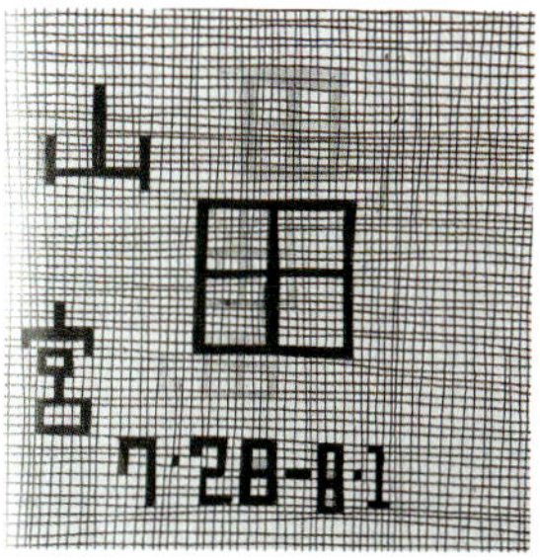

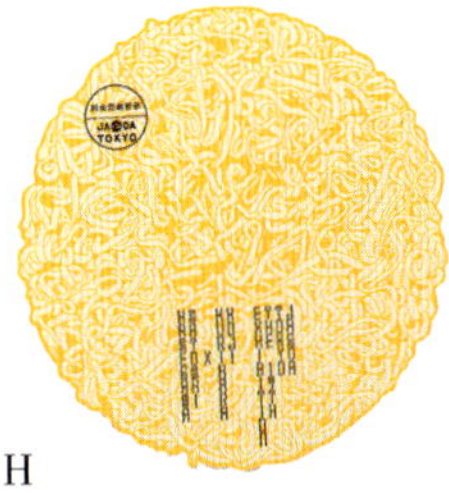

期間限定のデザインギャラリー「JAGDA TOKYO」では
JAGDA会員のデザイナーが2人1組になり、リレー展示を開催。
その展覧会の、紙や印刷にこだわったDMを大紹介！

取材・文／大輪俊江
協力／日本グラフィックデザイナー協会（JAGDA）
www.jagda.org

A カイシトモヤ＋寺島賢幸 二人展
AD＋D＝カイシトモヤ
紙に厚みを出したいと〈ヴァンヌーボ〉の表裏を一面ずつ刷って合紙に。文字を印象的にするため蛍光ピンクは2度刷りにしている

B 日髙英輝×内藤昇 二人展
D＝内藤昇
テーマである「BAR」の男っぽいイメージを表現しようと、紙の風合（厚さや固さ）、黒の強さ、文字の白に注力。書体はヘルベチカを採用した

C 居山浩二×中嶋貴久 二人展
D＝居山浩二
紙、文字それぞれを際立たせるため、箔押を採用。文字のどの位置でシルバーとスミの箔を重ねるか、可読性やバランスに配慮した

D イシザキミチヒロ×シラスノリユキ 二人展
D＝シラスノリユキ
展示のテーマに沿ったスーパー袋の抜型の形状とロゴのスミの強さに気を使ったDM。表（光沢）と裏（マット）で表情の異なる用紙を使用

E 小林洋介×木住野彰悟 二人展
D＝木住野彰悟
「JUNK」がテーマだったため、チーズバーガーをイメージした意匠。箔押と特色（黄）を合わせ、接点がずれないように注力した

F 山田英二×宮田裕美詠 二人展
D＝宮田裕美詠
仕上がりを整えたりカッコよくしようと考えず、自然に手を動かした結果のデザイン。壁紙っぽい用紙を選び、表面はスミ＋銀で印刷

G 秋田寛×長井健太郎 二人展
AD＝秋田寛、D＝長井健太郎
用紙のホログラムによる色彩変化をビジュアルとして扱った。ロゴタイプはスミ単色UV印刷で、シンプル＆インパクトのあるデザインにしている

H 栗原幸治×はせがわさとし 二人展
D＝栗原幸治
実物のインスタント麺をトレースして活版で印刷。用紙は〈GAボード〉のクリームをセレクトした。書体はどんぶりの雷文がヒント

I 柿木原政広×岡田善敬 二人展
D＝岡田善敬
母音を口型にした書体、ボイン de マウスで構成。コート紙に蛍光ピンクとマットスミを刷って質感の違いを立たせている

Novelties
ノベルティー・キャンペーングッズ

TBSドラマ「こちら葛飾区亀有公園前派出所」告知キャンペーングッズ

AD＋D＝小杉幸一　D＝中尾宏美（アドソルト）
CL＝TBS
ドラマに出演する俳優の顔やマンガのキャラクターがグッズに転用できないことから、小杉は新しいキャラクター「こち亀」と眉毛をアイコン化したものを制作し、さまざまなグッズに展開。ポップさを強調するために、文字は丸ゴシックでまとめている。人気作品だけに、原作の世界観をできるだけ崩さないように配慮した

オンラインショップ「HUMOR」のノベルティー

AD＝菊地敦己　CL＝ウィット
オンラインショップにありがちな「安い」「便利」だけではなく、幅広いノベルティーを用意することでショッピングが持つ楽しさを演出。ショッピングをした当日にトップページに映し出されていたアートワークも、ポストカード（写真左上）として用意した。この時期は、しりあがり寿の書き下ろし漫画。この二つは購入時に必ず付いてくる

カンロ飴　キャンペーングッズ

AD＋D＋I＝セキユリヲ　CL＝カンロ
アメのパッケージに使用されたイラストは『yom yom』（新潮社刊）に掲載されたカンロ飴の広告絵本のもの。4種類のパッケージ、しおりのトリ、ティッシュボックスの花なども、同様の世界観で描かれた。イラストの素朴なタッチは、カンロ飴の優しさや懐かしさを思わせる。これらはステンシルや消しゴムハンコで描かれたもの

046

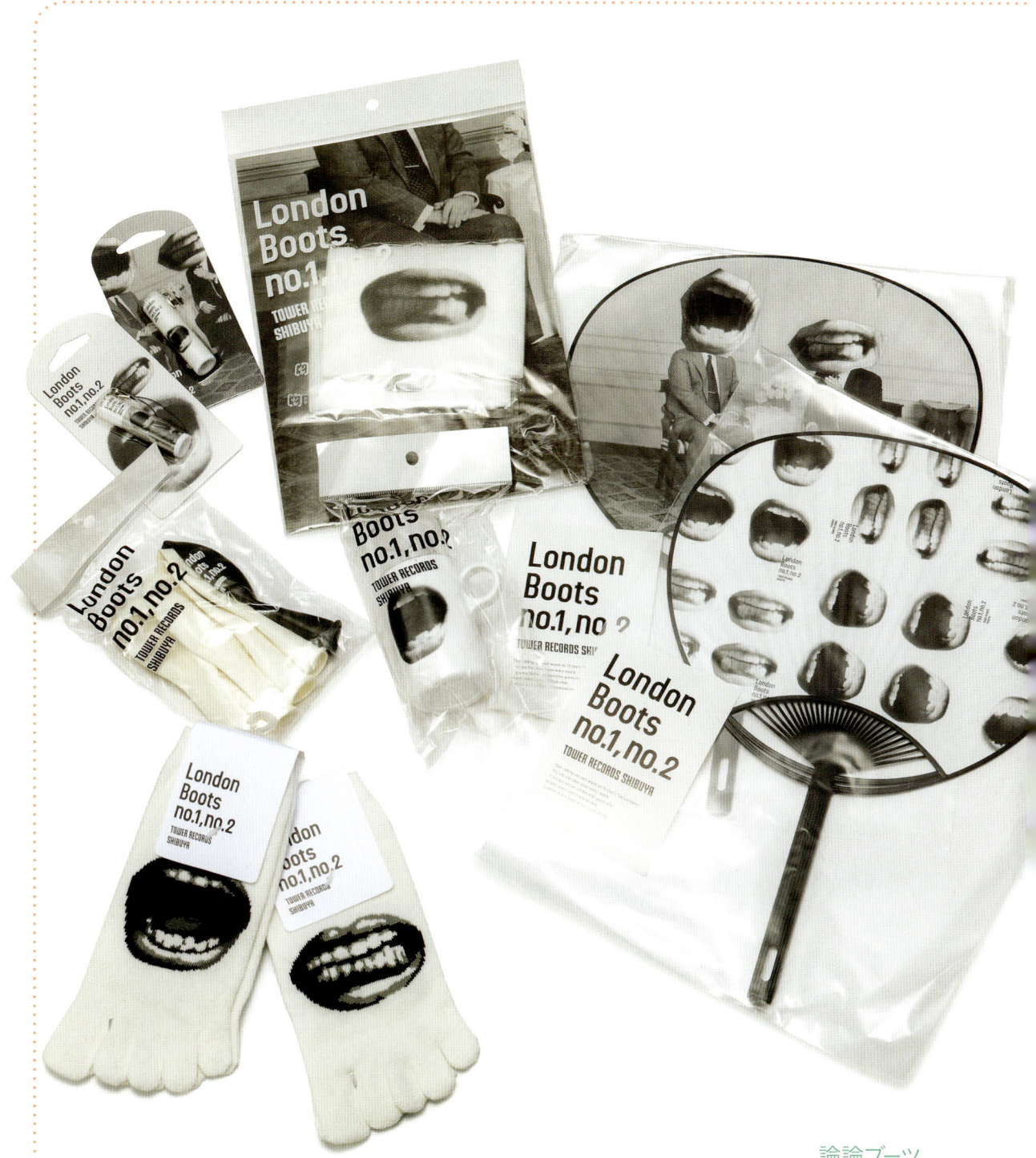

論論ブーツ
トークイベントチケット

AD＋D＝長嶋りかこ　C＝吉岡虎太郎　P＝佐藤テンテン博文
D＝水溜友絵　CL＝よしもとクリエイティブ・エージェンシー

人気のお笑いコンビ、ロンドンブーツ1号2号が定期的に渋谷のタワーレコードで行っているトークライブ「論論ブーツ」のチケット。型にはまらないタレントのスタイルを体現するため、チケット＝紙という概念を打ち崩し、毎回オリジナルグッズを作成し、それをチケット代わりとした。紙のチケットはライブ後、そのまま破棄されてしまうが、こうしたグッズに転化すればシリーズで取っておきたくなるというファン心理も読んでいる。これまでにマスクや歯磨きセット、靴下、風船などをチケットにしてきたが、毎回印刷する素材が変わるため、色合わせには苦労しているという。

> Christmas Card Trial 1

削る楽しさを体験できる スクラッチ

丸橋 桂 × 東洋FPP

宝くじなどに使われているスクラッチは硬貨などでこするとシルバーの部分が剥がれるという特殊印刷だ。クリスマスカラーと組み合わせ遊び心あふれる大判のカードを制作。

取材・文／大城譲司
撮影／長沢慎一郎（p.48）、村上圭一

スクラッチの金と銀を活かしたデザインを目指す

> スクラッチって銀色だけじゃないんですね。クリスマスっぽさが感じられる、金と銀を使ったデザインを考えたいと思います！

丸橋桂・まるばしかつら
1972年群馬県生まれ。東京藝術大学美術学部デザイン科卒業後、98年資生堂入社。整髪料「uno」の広告、化粧品のポスターやパッケージなどを手がける

こすると剥がれるスクラッチ印刷。通常の印刷環境では、あまりなじみがないがアイデア次第ではさまざまな楽しみ方が発見できそう。

Plan A

風合いのある微塗工紙
OK プラスター 7C [ホワイト]
× 銀のスクラッチ

ナチュラルな風合いの〈OK プラスター7C〉ホワイトをチョイス。高い印刷光沢と速乾性による良好な印刷作業性が特徴。クリスマスカラーで描かれた森の動物たちが銀のスクラッチ部分に潜んでいるという楽しい仕掛け

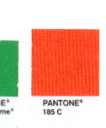

PANTONE® Hexachrome® Green C
PANTONE® 185 C

表 　裏

シカ、チョウ、クマが、それぞれ思い思いに、緑の草原にたたずんでいる。ピースフルな風景を、緑（PANTONE 354C）と赤（PANTONE 185C）のクリスマスカラーで演出。裏面はモミの木を思わせるパターン

Plan B

厚みのあるカード紙
OK AC カード [しろ]
× 金のスクラッチ

紙は高級パッケージや事務用カード、ファイルなどに使用される〈OK AC カード〉しろをチョイス。図柄をオフセットで印刷した後、その上に剥離ニスを重ね、十分乾燥させてから、金色のスクラッチ印刷を行う

表　裏

> 普段、スクラッチ印刷にはコート紙を使うことが多いんです。今回は風合いのある紙ということで、新しい見せ方ができそうですね。

東洋FPP・とうようえふぴーぴー
1950年創業。スクリーン印刷を中心に、スクラッチ、蓄光、各種UV等の特殊印刷を手がける。POPや販促品、各種看板や屋内外のサイン制作も行う。写真は営業部の関根理人。www.toyofpp.co.jp

スクラッチ印刷では、剥離ニスを下に刷ることでスクラッチを剥がれやすくさせる。そのため、あらかじめ「剥がれやすさ」を考えなければいけない。

剥離ニスの重要性を確認！

Christmas Card Trial 1

初校

Plan A 色味以外は問題なくOK

オフセットで絵柄と剥離ニスを刷った後、スクリーン印刷でスクラッチ用のインキを重ねた初校。スクラッチもキレイに剥がれた。ただ、オフセットの色味が浅かったため、再校時は濃度を上げるように指示した（色味修正はPlan Bも同様）

表 　　　　裏 　　　　スクラッチ

Plan B スクラッチが剥がれにくいことが判明

Plan Aと同じ工程での初校。予測していたよりも用紙の吸収性が高かったため、剥離ニスが沈着。その結果、スクラッチが剥がれにくくなってしまった。こうした現象を避けるべく、再校時は剥離ニスをスクリーン印刷で刷ることに

表　　　　裏　　　　スクラッチ

> クリスマスカードを受け取った人が、自分の手でスクラッチを削ることによって、デザインの表情も変わる。そこを楽しんでもらいたいですね。

> 金のスクラッチの方は、オフセットではなくスクリーン印刷で剥離ニスを刷りましょう。スクリーン印刷は剥離ニスの被膜層が厚く、その分、剥がれやすくなるんですよ。

印刷立合い

スクラッチ印刷の剥がれ具合をチェックしに工場を訪れた。校正を見ながら話をする丸橋と関根(写真左)。剥離ニスのスクリーン印刷を行っているところ(右上)。今回使用した金のスクラッチ用インキ。紙との相性をみて濃度を調節している(右下)

再校

表　　　　　　　裏

Plan A
色味・スクラッチ共にOK

オフセット印刷の色味は濃度が増し、丸橋からOKが出た。スクラッチも容易に削れた。今回のように、オフセットとスクリーン印刷とを組み合わせる場合、オフセットの刷り上がりを元に、スクリーン用の版を新たに作成する。これは用紙の収縮により入稿データと微妙な誤差が生じるためだ

Plan B
スクラッチが剥がれやすくなった

色味とスクラッチ、どちらも問題なし。オフセットからスクリーン印刷に変更したことで、剥離ニスの被膜層が厚くなり、その分、剥がれやくなった。なお、スクラッチは時間の経過とともに、剥がれにくくなる(=用紙に定着してしまう)。目安としては、剥離ニスをオフセットで刷った場合は1ヵ月程度、スクリーンで刷った場合は2年程度

表　　　　　　　裏

スクラッチ印刷とは？

オフセットで印刷された印刷物の一部を、銀などの特殊インキで覆い隠す技法がスクラッチ印刷。隠される部分の文字や絵柄はオフセットで印刷し、剥離ニスを重ねた後、スクラッチ部分をスクリーン印刷する。宝くじやキャンペーンなどの応募券で用いられることが多い。

ただ注意点としては、摩擦に弱いため、書籍や雑誌の表紙には不向き。また、薄い紙だと裏側から透けて見える恐れもある。事前の検証が必要だ。オフセット印刷+剥離ニス+スクリーン印刷と工程が多い分、スケジュールにも余裕を持ちたい。

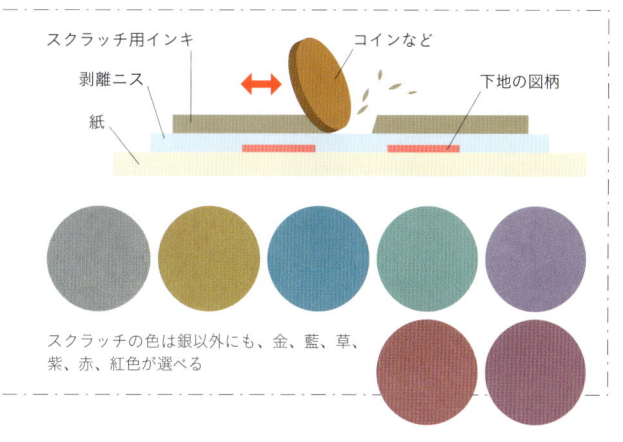

スクラッチ用インキ　コインなど
剥離ニス　　　　　　下地の図柄
紙

スクラッチの色は銀以外にも、金、藍、草、紫、赤、紅色が選べる

取材・文／大城譲司
撮影／長沢慎一郎（p.52）、村上圭一

Christmas Card Trial **2**

繊細なイラストを立体的に表現

板倉敬子 × 銅版印刷

名刺やレターヘッド、
紙幣に用いられることもあるという銅版印刷。
今回は、その上品な刷り上がりを応用し、
板倉敬子の描く細密画を再現するクリスマスカードを制作した。

色パールの
銅版印刷に挑戦！

ゴールドやシルバーなど
メタリックカラーの美しさには定評がある銅版印刷。
今回はインキを調合し
パールカラーの表現にトライした。

> 銅版印刷は仕上がりに品がありますよね。紙の風合いと銅版印刷の精密さ。両方の良さを、うまく引き出せればと思います。

板倉敬子・いたくらけいこ
1973年東京都生まれ。多摩美術大学グラフィックデザイン科卒業。ゼブラ、good design companyを経て、2005年独立。2006年イッカクイッカ設立。
www.keikoitakura.com

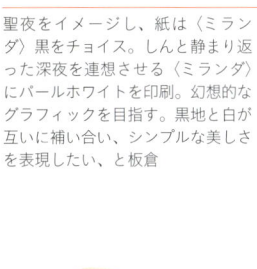

Plan A
黒い光沢のある紙
ミランダ［黒］
× パールホワイトインキ

聖夜をイメージし、紙は〈ミランダ〉黒をチョイス。しんと静まり返った深夜を連想させる〈ミランダ〉にパールホワイトを印刷。幻想的なグラフィックを目指す。黒地と白が互いに補い合い、シンプルな美しさを表現したい、と板倉

Plan B
白いエンボスの紙
サーブル［スノーホワイト］
× パールインキ2色

ホワイトクリスマスをイメージし、紙は〈サーブル〉スノーホワイトをチョイス。雪景色のような〈サーブル〉に、パールピンク（PANTONE 8062C）とグリーン（PANTONE 8282C）をのせ、透明感あふれるデザインに

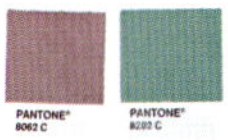

板倉は独自のアートワークでも知られている。今回は自身のペン画をスキャニングし、クリスマスカード用にアレンジ。版のサイズを考慮し、絵柄が版2枚にまたがらないよう注意した。制限を逆手にとったデザイン

> 銅版印刷をするときの版の大きさは3×8インチ（762×2032mm）が基本なんです。なので今回は2版に分けてデザインした方がいいですね。版は複数組み合わせて、最大B4程度まで対応可能です。

銅版印刷・どうばんいんさつ
1917年鈴木銅版所創業。1946年鈴木銅版設立。1960年銅版印刷に組織変更。皇室、各国大使公館、商社などの印刷物を手がける。写真は代表の鈴木聡。www.doban.co.jp

印刷立合いで色をチェック!

板倉の狙いを印刷で表現することができるかどうか。現場を訪れ細かな調整を行うことで完成度を高め理想のイメージに近づけていく。

Christmas Card Trial **2**

銅版印刷機を前に、印刷の仕組みの解説を聞く板倉(写真上)。インキをローラー部に塗布。これは白のインキにシルバーのインキを加え、独自にパールホワイトを調合したもの(左)。黒地にパールホワイトを刷り出したもの(右)

初校

パールホワイトの検証
Plan Aでパールピンクとパールグリーンを印刷することになり、〈サーブル〉ではパールホワイト1色のデザインに変更。白にシルバーを混ぜ合わせたが、実際に刷るとグレーに見えてしまった

パールピンクのみで印刷
これまで試したことがないというパールピンクのインキを調合。赤みを加えることによって、暖かさを感じさせることを狙った。ほぼ指定色に近いイメージだったが、板倉は〈ミランダ〉黒との組み合わせを気に入った様子

パールピンクで試し刷り
当初、Plan Bで印刷するはずだったパールピンクのインキを〈ミランダ〉黒で試してみたところ、立体感が出て思いのほか見栄えが良く、急遽この組み合わせを採用。Plan AとBで使用するインキの色を逆転させることに

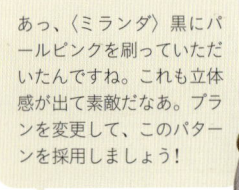

> あっ、〈ミランダ〉黒にパールピンクを刷っていただいたんですね。これも立体感が出て素敵だなあ。プランを変更して、このパターンを採用しましょう!

054

再校

Points パール感が際立つわけ

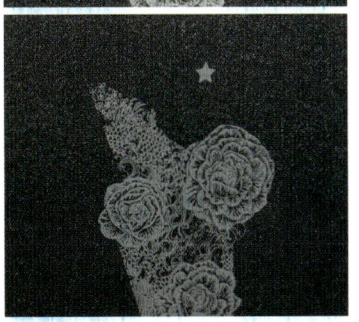

銅版印刷では、いったんインキを刷った後、インキを盛っていない状態の版で、再度、空押（バンプ）を行う。そうすることで、色味に艶が出る。微妙な違いだが、空押の有無で印象が変わるのが上2点の写真から見てとれる。初回の刷り（下）。空押後の刷り（上）

Plan A 2色のバランスを確認

地色が黒だけに、濃度が濃くなりすぎると、メタリックな輝きが失われてしまう。パールピンクの色合いに関しては初校でOKが出たため、再校ではパールピンクとグリーンの色バランスに注意した。上品かつ繊細な色味に仕上がった

Plan B パールホワイトを再検証

インキを再調合する。前回とは逆に、シルバーをメインにして、白を混ぜ込む。さらにメタリックな輝きを得るため、白インキの半分程度、ゴールドを加えた。そうすると板倉がイメージしていたパールホワイトが完成した

銅版印刷とは？

凹版にインキを詰め、転写するのが銅版印刷。視覚的にも触覚的にも、インキの盛り上がりが感じられる仕上がりとなる。色味に深みがあり、細い線や複雑な紋様の再現性も高い。高級感を演出するにはうってつけだ。

今回使用したスクリーンの版（右）。凹版は、細い線の再現性が高い反面、凹んでいる分、ベタ面は不均等な表情になってしまう。回避策としてスクリーンをかけるが、逆にそれが味わいに。ベタ面の中、さらに彫り込みがあるような不思議な表情を見せている

銅版印刷は銅板を腐食させて版をつくるが、そのあとの細かい調整は職人の手にかかる。深く掘るほどインキを盛ることが可能。写真は、職人の作業の机。ルーペや彫刻刀が並ぶ

1 銅版のサイズは3×8インチ（762×2032mm）。この範囲内に文字や図柄が収まるようにデザインする。複数枚、組み合わせることも可能だが、その場合、版と版のつなぎ目に文字や図柄がまたがらないよう注意。また、印刷できる大きさはB4程度まで。

▼

2 銅版に木炭を擦りつけて、表面に細かい傷をつける。感光材を塗布し、フィルム化した原画を重ね、赤外線で感光。文字や図柄を転写させた後、現像液に浸し、さらに腐食させる。これで凹版が完成。ただし、細かな部分は、職人の手でさらに彫り込む。

▼

3 銅版印刷で使用するインキは、現在、水性インキが主流。色に関しては、通常の色指定と同様、カラーチップを添付。メタリックカラーは、シルバー、ゴールド、シャンパンゴールドの3種。ただし今回のトライアルのように調合も可能だ。

▼

4 銅版を印刷機にセット。インキを塗布した後、紙で拭き取ると、凹部にインキが詰まった状態となる。これを用紙に転写するという仕組み。2色以上の場合は、1色ずつ刷り、それを繰り返す。さらに、艶を出すため、1色刷った後は、空押（バンプ）を行う。

取材・文／編集部
撮影／長沢慎一郎（p.56）、村上圭一

Christmas
Card
Trial 3

UVニスで
質感の違いを楽しむ

榮 良太 ✕ 欧文印刷

ツヤのあるグロスニス、滑らかなパールニス、
ザラザラとしたハジキニスなど、UVニスを効果的に使って
2種類のクリスマスカードをデザイン。

多彩なUVニスの表現にトライ！

オフセット印刷で表面加工ができるUVニス加工。
今回は、いくつか種類の違うUVニスを刷ることで素材感の違いが感じられるデザインを試した。

> UVニス加工は、日頃の仕事ではあまり使ったことがないのですが、違うニスとの掛け合わせで面白い表現ができればと思います。

榮良太・さかえりょうた
1979年東京都生まれ。武蔵野美術大学工芸工業デザイン学科卒業。2004年博報堂入社。2009年JAGDA新人賞受賞。広告を中心としたアートディレクションを行う。www.hakuhodo.co.jp

Plan A
印刷適正の良い板紙
インバーコートG-FS×UVニス2種

中央のクリスタルと右下のイラスト部分にグロスニス、背景とクリスタルに入った細い線に梨地のようなザラザラとしたハジキニス加工を施したデザイン。紙は、UVニスと相性の良い〈インバーコートG-FS〉をチョイス。2つのニス効果の差を狙った。また裏面の印刷部分にもグロスニスをかける仕様にした

Plan B
細かいエンボスの紙
エコジャパンR・〔ゆき〕×パールニス

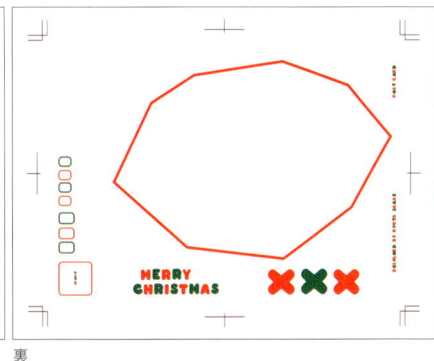

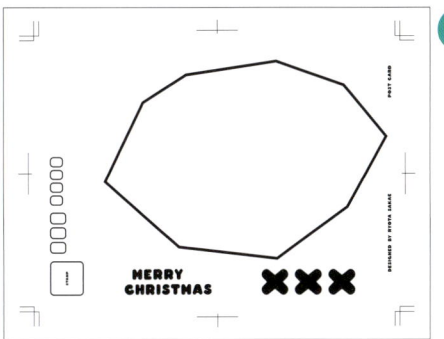

「MERRY CHRISTMAS」と書いた紙の上にクリスタルを置いたようなデザイン。右下のサンタのモチーフも効いている。クリスマスのプレゼントの象徴ともいえる宝石をポップに表現した

背景はスミベタ、中央のクリスタルと右下のイラスト部分にパールニス、クリスタルに入った細い線はスミベタを残すデザインに。紙は細かいエンボスの入った〈エコジャパンR〉ゆきをチョイス。印刷・ニスをかけたときの紙地の見え方にも注目したい、と榮。裏面の印刷部分にもパールニスをかけることに

> UVニス加工には、基本的に塗工紙が向いています。ただ、そうでなくても下地にスミベタを印刷することで、スミの顔料がニスの吸い込みを防止することができるんですよ。

欧文印刷・おうぶんいんさつ
1946年創業。感性価値印刷と呼ばれる独自のUVニス加工の開発を行う。写真はマーケティング部門長の下釜勝明。www.obun.jp

Christmas Card Trial 3

> オフセット印刷後、グロスニスとハジキニスを刷った Plan A の初校はバッチリですね。紙との相性も良いし、2つのニスの効果がうまく出ていると思います。

初校チェックでいきなりOK!?

デザイン入稿から数日後、上がった初校の完成度にほぼ合格点を出した榮。あとは「Plan B」の色の調整を工場で行うことに。うまく狙った色が出せるだろうか。

初校

表面 　　　　　　　表面

表面のニス 　　　　表面のニス

裏面のニス 　　　　裏面のニス

Plan B
スミとパールニスの色味を指摘
まずスミベタの上にかけたパールニスの色と背景のスミ色の浅さを指摘した榮。欧文印刷の下釜と相談し、スミベタの背景に平アミをしくことでその色の浅さを解消することに。また、パールニスとの相性を考慮して、表面右下のサンタモチーフと裏面の印刷部分にはパールニスをのせないことになった

Plan A
UVニス・色味共に一発OK
表面中央のクリスタルのデザイン部分がキラッと光って背景のザラザラ面との対比が面白く出た。裏面は塗工されていない紙のため、ニスが表面よりはグロスニスが定着しなかったが、その繊細な光り具合も気に入っていた榮。版ズレもなくキレイな仕上がりに、一発OKを出した

058

印刷立合い

Plan B
Plan B の色味を確認するために工場を訪れた。校正を見ながら色味をチェックする榮と下釜（写真右）。今回使用した、オフセット印刷と UV ニス加工を一気に行う機械（左上）。クリスマスカードの版とパールニス（左中・下）

再校

色味 OK!

スミベタの背景に平アミをしくことで、スミの濃さが十分表現された。そして、上にかけたパールニスの色味も顔料の量を調整したことで発色がよくなり、初校と比べてコントラストがはっきり出た。紙地のテクスチャーもうまい具合にマッチして、榮も大満足の仕上がりとなった

Plan B

UVニス加工 とは？

ニス加工には、油性ニス加工・水性ニス加工、UV ニス加工の3種がある。そのうち UV ニス加工は、CMYK を刷るオフセット印刷と同じラインに設置した印刷機で刷った後、紫外線をあてて乾燥させる。1 ラインですべての印刷ができてしまうため、見当のズレも起こりにくい。グロスやマット、ハジキ、パールなど多彩な加工ができ、表面加工を施した後に、箔押や空押などの加工も可能だ。

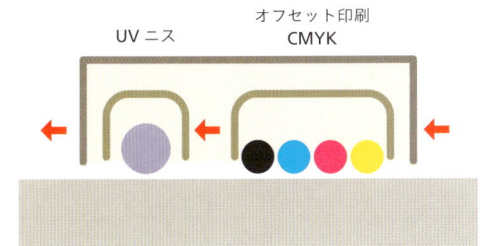

UVニス加工の主な種類

グロス
絵柄の水色の波紋部分にグロスニスが施されている。滑らかな光沢が特徴。水性ニスよりも厚みと光沢がある

パール
絵柄の波紋部分にパールニスが施されている。光沢が強く高級感があり、色面の上に刷るとより効果が出る

ハジキ
背景に施された、梨地のようにザラザラとした表面加工。グロスニスとの組み合わせで漆工芸のような表現になり、これを欧文印刷ではウルシ印刷と呼んでいる

UV ニス　オフセット印刷 CMYK

Christmas Card Trial DATA

▶ 記事は P.48-51 参照

印刷・加工 ▶ 東洋FPP（スクラッチ印刷）
埼玉県川口市江戸 3-23-3
TEL.048-284-8593
www.toyofpp.co.jp

DESIGNED BY
丸橋 桂
Katsura Marubashi

銀色スクラッチのクリスマスカード

用紙 ▶〈OK プラスター 7C〉 ホワイト
四六判 Y 目 200kg
特徴 ▶ 優れた光沢感とインキ乾燥性が特徴の微塗工紙。手触り感があり、ナチュラルで豊かな風合いを持つ
問い合わせ ▶ 王子特殊紙
東京都中央区銀座 5-12-8
TEL.03-5550-3044
www.ojispecialtypaper.co.jp

金色スクラッチのクリスマスカード

用紙 ▶〈OK AC カード〉 しろ
四六判 T 目 222kg
特徴 ▶ 色数豊富なカード紙。平滑な手触りでカードやパッケージなど、小型グラフィック全般に適している
問い合わせ ▶ 王子特殊紙
東京都中央区銀座 5-12-8
TEL.03-5550-3044
www.ojispecialtypaper.co.jp

▶ 記事は P.52-55 参照

印刷・加工 ▶ 銅版印刷
東京都中央区勝どき 4-1-12
TEL.03-3531-5316
www.doban.co.jp

DESIGNED BY
板倉敬子
Keiko Itakura

パールピンク＋パールグリーンのクリスマスカード

用紙 ▶〈ミランダ〉 黒 四六判 Y 目 130kg（日清紡ペーパープロダクツ）
特徴 ▶ 赤と青と白の 3 色のガラスフレークにより、きらめく光沢を表現した紙。招待状などによく使われる
問い合わせ ▶ 竹尾
東京都千代田区神田錦町 3-12-6
TEL.03-3292-5170　www.takeo.co.jp

パールホワイトのクリスマスカード

用紙 ▶〈サーブル〉 スノーホワイト
四六判 Y 目 130kg（特種製紙）
特徴 ▶ フランス語で砂という意味の〈サーブル〉は、さわやかさを演出する、砂目模様のフェルトマークの紙
問い合わせ ▶ 竹尾
東京都千代田区神田錦町 3-12-6
TEL.03-3292-5170　www.takeo.co.jp

▶ 記事は P.56-59 参照

印刷・加工 ▶ 欧文印刷
東京都文京区本郷 1-17-2
TEL.03-3817-5910
www.obun.jp

DESIGNED BY
榮 良太
Ryota Sakae

2種ニスのクリスマスカード

用紙 ▶〈インバーコート G-FS〉
L 判 T 目 16kg
特徴 ▶ 折りに強く丈夫な板紙でありながら高い白色度と印刷適性を持つため、パッケージや DM などにも最適
問い合わせ ▶ 竹尾
東京都千代田区神田錦町 3-12-6
TEL.03-3292-5170
www.takeo.co.jp

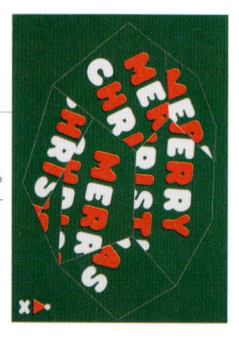

パールニスのクリスマスカード

用紙 ▶〈エコジャパン R〉 ゆき
四六判 Y 目 210kg
特徴 ▶ 日本の自然や四季の豊かさを表現した、両面に細かいエンボスの入った紙。色数も多く揃っている
問い合わせ ▶ 王子特殊紙
東京都中央区銀座 5-12-8
TEL.03-5550-3044
www.ojispecialtypaper.co.jp

1 「おりがみ」
黄 善佳（廣村デザイン事務所）

なじみがあって自然と触れたくなる、平面から立体に変化する。そんな魅力を考えてデザインしました。最も苦労したのは、線が多すぎたり順番が合っていないと折れないなどの問題を、どうするか。結果、折り線に強弱を付ける、線をなるべく減らすなどの方法で解決を図っています。また、紙は折る際にキラキラ変わる表情を楽しんでもらえる〈ミランダ〉を選んでいます。

今回の機会で、職人作業の繊細さ、緻密さを再確認しました。また、企業秘密として表に出さない技術も教えてくださり、「みんながこの技術でよりいい物をつくっていけばいい」と話してくださったのを聞き、デザイナーも頑張らねば！ と思いました。(談)

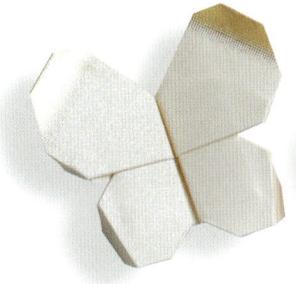

通常山折りは凹、谷折りは凸加工を施すが、今回は初めて折る人が見た目で折れるよう、逆のスジ押し加工にした

2 「ネームカード」
小島良太（小島良平デザイン事務所）

人をイメージするのに最も身近な名前。それを伝えるネームカードに自身の趣味などをイメージとして表現できれば、"名前とその名前を持つ個人"に近づくのではないか……。そう考えたのが作品「ネームカード」のヒントです。

銅版印刷のもつ独特な高級感と温かい仕上がりが"名前"に適していると思い、インクジェットでパターンを刷り、名前の部分に銅版印刷を施しました。パターンがシャープになりすぎては銅版印刷のイメージと被ってしまうので、質感の強い紙を選択し、コントラストが際立つよう工夫しました。この試みで、最先端のファインペーパーや印刷加工技術と、銅版印刷のような伝統技術との組み合わせの豊かさに気付かされました。(談)

古い風合いを醸す紙〈ファーストヴィンテージ〉を選ぶことで、銅版印刷のシャープさとのバランスをとった

SMALL GRAPHIC COLUMN 4
「THE SEARCH」展で見つけた小型グラフィック

竹尾の見本帖本店で行われた、若手デザイナー10名と
紙加工技術者のコラボレーションによる「THE SEARCH - Beauty for Paper」展。
紙の美と可能性を高めた
多彩な作品が展示され、話題を呼んだ。
手のひらサイズの小さな世界に
紙への思いやデザインアイデアを込めた
3人のデザイナーに、自らの作品について聞いた。

取材・文／大輪俊江　協力／竹尾

3 「文字ブロック」
大黒大悟（日本デザインセンター）

この文字ブロックは、紙質と色の違いだけなのに「紙ってこんなに違うんだ！」と気付く積み木のような知的玩具。または、結婚する2人が互いのイニシャルを贈るプレゼントなど、感動の間に「紙」がある情景を思い浮かべて制作しました。

薄い紙が重なることで、物質化し、魅力的な断面が生まれる。それを意識し、断面の手触りや色の重なりが美しい紙を何度も取捨選択しました。また、工業製品のような精密さを意識することで、紙のアナログな質感とのコントラストを出そうと、精度にも気を遣いました。結果として、抜かれた紙文字が重なるだけで生まれる物質感を、紙の美しさとして解釈できたと思います。(談)

薄くて軽い〈サンバレーオニオンスキン〉、マットで高級感のある〈ブライク〉ブラックなど、質感の違いにこだわって紙を選択した

ドラフト・宮田 識

企業の意志を具現化するために

近年、小型グラフィックをブランディングの中に有効的に用いた広告戦略で、突出した仕事ぶりを見せているドラフト。代表の宮田識は、かつてモスバーガーの販売促進で、多彩なSPツールを駆使し、大きな成功を収めた。今回のインタビューではモスバーガーの事例を参考に、小型グラフィックの本質と、そこに潜む可能性を探る。

伝えるための環境づくりから

取材・文／大城譲司
撮影／白井 綾

宮田識（さとる）いるドラフトは、かつてモスバーガーの広告制作を一手に引き受けていた。それは1985年から2000年にかけて、およそ15年もの長期にわたる仕事となった。

特徴のひとつに、広告におけるポスターや新聞広告といった、広告における花形表現だけでなく、店頭で使用されるさまざまなコミュニケーションツールを開発したことが挙げられる。一点一点は小さなアイテムだが、それらの集積が、モスバーガー全体のブランドイメージを形づくったといっても過言ではない。

「あちこちで何度も言っているんだけど、モスの仕事は、亡くなった櫻田慧（モスフードサービス創業者・櫻田慧）との関係性の中から生まれてきたものなんだよね。だから、そう簡単には一般化できないし、自分自身、二度と同じやり方はできないだろうなとも思っている」

当時、ハンバーガー業界は、マクドナルドが圧倒的なシェアを占めていた。当然、マクドナルドのほうが知名度も高い。広告費に関しても、20分の1以下だったという。

「予算がない中で、僕らは何をすべきか。最初は一軒ずつ加盟店を見て回ったのね。そうしたら、まったく統一性が取れていない。だから、広告うんぬん以前に、まずはモスの考

え方を伝えるための環境づくりが必要だと思った。そのためには、モス社内のシステムにまで入り込んで、何が必要で、何が不要かを、整理しなきゃいけない。そこから始めたんだよね」

宮田の言う〝整理〟は、後々、人事や商品開発など、販売促進以外の領域にまで及ぶことになる。販促では、CMは制作しない、タレントは起用しない、プレミアム（景品）はつくらないという原則を打ち立てた。これはもちろん、限られた予算を有効に使いたいという意向の現れだ。

「ハンバーガーのCMはマクドナルドに任せる。でも、足を運んでもらうのはモス。そんなふうに考えていたね。いわば、コバンザメ戦略（笑）」

販促物はコミュニケーションツール

テレビCMをしない代わりに、力を入れたのが販促物や店頭ポスターの数々。これらが一般にSPツールと呼ばれるが、宮田は「売るため（セールス）」というよりも、「伝えるため（コミュニケーション）」のものと位置づけている。

「お客さんには、とにかく一度、店に足を運んでもらう。そうすると、絶対、また来てくれる。そんな店づくりを考えていた。つまり、モスの店頭では、テレビに匹敵するくらい、楽しい出来事が起こっていることを伝えたかった。そのためのツールがSPだったわけ」

ただし、販促物は、あくまでも従。外食産業である以上、いくらコミュニケーションツールで演出しても、主であるメニューそのものに魅力がなければ意味がない。

「結局、商品開発のレベルまで立ち入らなきゃならない。さっき『一般化できない』と言ったのはそういう意味。だって、僕

ら、外部の人間だもの。なかなか、そこまでの関係性は保てないよ。でも、櫻田会長がそれを許した。懐が深かったと思うね。逆に言うと、SPツールの制作は、ポスターや新聞広告以上に、他人と絡まなきゃいけない。面倒くさいんだ、これが（笑）。その分やりがいがあるんだけどね」

宮田のアプローチはシンプルだ。商品や企業がどうあるべきかを考え、それに対し、何をつくればよいのか。そして、消費者にどう伝えるか。そうした流れは一貫している。現在、ドラフトが広告制作を担当している「世界のキッチンから」（キリンビバレッジ）でも、モスバーガー同様、開発チームと膝を突き合わせ、侃々諤々（かんかんがくがく）の議論を行っている。その結果、商品そのもの（および広告表現）の完成度を高めることに成功した。

「クライアントが大手だろうが中小だろうが、あまり関係ない。基本的には一対一の

モスバーガー

モスフードサービス／1985〜2000年

店内ポスターや店頭ポップを提示する場所をつくることからスタートし、トレイマット、パッケージ、オリジナル食器、フリーペーパーなど、15年間で手がけた小型グラフィックは、優に2000点を超える。店頭を舞台に、さまざまなSPツールを展開することで、ブランドイメージを固めた後、宮田は満を持して、企業広告を手がけることになる。販促品から新聞広告へ——ボトムアップ式のブランディングと言えるだろう

Dear Everybody
"To find a shop which serves the best hamburgers in town isn't too difficult. What's really difficult and more important, in my opinion, is to find a true friend who's always happy to eat with you."
Thank you.
HOT CHICKEN BURGER
ようこそ、おいしいモスのお店へ。
ORANGE
APPLE
GEVA
PIZZA DOG
MOS MAP & MENU
KYUSHU

マス広告が機能しなくなった時代

宮田自身は、ポスターや新聞広告といった広告表現に強い思い入れを抱くとしているが、昨今、若い世代を中心に注目を集めている小型グラフィックに関しては、どう考えているのだろう。

「残念ながら、今はマス広告が機能しなくなっているよね。テレビや新聞の価値そのものが低下しているから、そういう媒体に広告を載せても、信頼されなくなっちゃった。そもそも、新聞読んでる？ テレビだって、そんなに見ないでしょ？ そういう状況は、十年前から起こっていたけど、ネット環境やケータイが進化したせいもあって、全面的になりつつあるよね」

広告費の問題もある。予算をかけたにもかかわらず、期待していたほどの効果が得られなかったというケースも耳にする。

「だから、SPが注目されるのも分かる。それしか打つ手がないんだから（笑）。モスバーガーだって、予算が無い中、一番効果的な方法は何だろうと考えた結果、SPに力を入れようと思ったんだもの」

ただし、それが消極的な選択ではなか

関係性だから。だって、目の前にいる部長さんや社長さんを説得すればいいんだもの。まずは、そこで呼吸を共有できるかが重要。お互い、どこかしら感じるところがないと、いい仕事はできないと思う」

世界のKitchenから
キリンビバレッジ／2007年〜

ブランドの立ち上げから参加し、核になるキーワードを「世界のお母さんに負けられない」と設定。そこから商品の方向性や広告のトーンを検証し、着地点を探っていった。共有したのは、「ブランドを育てる」という意識。クライアントと制作スタッフが同じ方向を向いた結果、マークやパッケージ、販促品に至るまで、統一した世界観を打ち出すことに成功した

宮田 識・みやたさとる
1948年千葉生まれ。日本デザインセンターを経て、1978年宮田識デザイン事務所設立。1989年社名を「ドラフト」に変更、現在に至る。代表的な仕事に、モスバーガー、ラコステ、PRGR、KIRIN、ワコールなどの広告・企画デザインがある。1995年プロダクトメーカー「D-BROS」をスタート。(www.draft.jp) 2009年、ドラフトの仕事と歩みをまとめた書籍『デザインするな』(藤崎圭一郎著 DNPアートコミュニケーションズ刊)が発行された

ったということには、注意しておきたい。「それしか打つ手がない」からこそ、宮田は徹底的に戦略を練り上げた。年間の販促計画にも関与し、前述したように、商品開発にまで細かく口出しした。

「といっても、別に自分のエゴを押し通したわけじゃない。モスの場合、櫻田会長の意志を具現化しただけ。多かれ少なかれ、どの企業や商品にも"こうあるべき"という理念があると思う。デザイナーやアートディレクターの仕事は、それを目に見えるカタチに落とし込むこと。そのためには、企業や商品の背景について、経営者と同じくらい、熟知していないとダメだよね」

ドラフトの送り出す小型グラフィックは、なぜ、強いイメージを喚起することができるのか。それはクライアントの意向を十全に理解し、本質的なところから汲み上げられた成果物だからだ。「目に見えるカタチ」は、いずれも涼やかだが、その裏側には、泥臭い格闘が潜んでいる。

une nana cool
ウンナナクール／2001年〜

ワコールが立ち上げた20代の女性をターゲットにしたインナーウェアのブランド。シンプルなラインと時代の気分を加味したデザインが支持されている。グラフィックでは、ファッション性を全面に打ち出すことで「お洋服みたいに着替えたい」というコンセプトを表現。下着メーカーならではの品質管理(上質さ)とリーズナブルな価格帯(親しみやすさ)のバランスにも留意した

気持ちよく招待するためのマナーとは？
案内状をつくる際に
心がけたいこととは？
招待状、DMなどをデザインする以前に
知っておきたいマナーや
素材の基本を伝授します！

デザイナーが知っておきたい マナー講座

基本編 気持ちよく接するためにこれだけは知っておきたい

日本の伝統的な心に響くお作法を知ることで、
より自由なデザインの表現が可能になる。
まずは基本的な心得についてマナーデザイナー岩下宣子に解説してもらった。

取材・文／道添 進
イラスト／泰間敬視

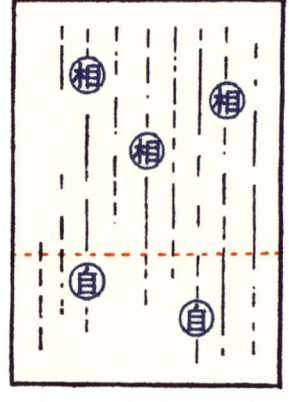

礼状のマナー 1
レイアウトを規定する"目線の上下"

　礼状、招待状など、あらたまった文書の場合、まず、目にとまるのが頭語と結語だ。「拝啓」で始まれば「敬具」で締めくくるように、「謹啓」という頭語は、「謹白」という結語を伴う。これはもうデザイン以前の問題で、オトナの常識として理屈抜きで覚えておきたいもの。

　公的な文書にはタテ書きも多いが、この場合気を配りたい点としては相手の名前の位置。「基本的に行の上から3分の1には、自分に関することは書かない。行の上から3分の2より下には、相手方に関することは書かない。これは目線の上下によって上下関係を表すことに由来しています。文字をレイアウトする際は、語順を入れ替えるなどして名前の位置を調整して、どうしても、私事が3分の1より上に来る場合は改行するといいでしょう」(岩下)

　この約束事は、デザイン上も理にかなっている。例えばハガキの宛名書きなど、右上から左下へ対角線の流れができ、バランスがよくなる。

　また、イラストのように宛名の「様」も、かつては相手によって3通りの表記をすることがあった。上下関係を意識して文字の位置決めや文言の使い分けを行うことで、デザインも気配りがなされているように見えてくるものだ。

タテ書きの場合、相手のことを上3分の2に、自分は下3分の1に。また「様」は、目上には「えいさま」、同位には「じさま」、目下には「みずさま」と書き分けることがある

2 色のマナー
みんなが抱く期待を裏切らない

　これはデザインの世界でいう「トーン・アンド・マナー」(※)、つまりデザインが醸す色調や物腰に通じる。いわゆる「らしさ」を規定することであり、一般に人々が抱く期待や常識を、いい意味で裏切らないのが望ましい。「例えば、内祝いの品を普通のお茶にすると香典返しのように見えてしまいますが、明るい色の茶筒にするだけで、印象も変わりますよね。お茶がだめというわけではなく、ちょっとした気遣いが大事です」

　また、クリスマスカードにカラフルな文字を用いるのは海外ではよくお目にかかる。日本ではカードに赤い文字を使ってよいか悩ましいところだ。この場合、正解はそれが公式なものか私的なものかによって異なる。あらたまった場面なら、ビジネス慣行に則って赤い文字は避けるべき。一方、親近感やプライベートな雰囲気を表したいならむしろ好んで使おう。

※トーン・アンド・マナー(Tone and Manners)の「マナー」は「礼儀」を表すMannerではなく、「態度、ものごし」を示すManners(複数形)。

3 和紙や水引のランク
メッセージにふさわしい風合いを

　これはデザインの用語に置き換えるとするなら、さしずめ「ルック・アンド・フィール（見た目や風合い）」。和紙には格があるので、檀紙、奉書、などメッセージ内容にあわせてランクを使い分けたい。

　檀紙はもっとも格が高いとされ、シボがあるため直接文字をしたためず、上包みに用いる。これに対し、書状を記す用紙には奉書、西ノ内紙などがある。

　祝儀用の水引は、金銀が格上とされる。

　「一般に紅白と呼ばれている水引は、濃い緑の玉虫色。水引には、このほかに紅白、赤白、金銀、赤金があります」

　このように素材を吟味し、気持ちを込めてメッセージをしたためたい。例えば、お詫び状は白い便せんに端正な字で、ひたすら誠意を伝える。その気持ちを表現する一助として用紙の「ルック・アンド・フィール」を意識しよう。

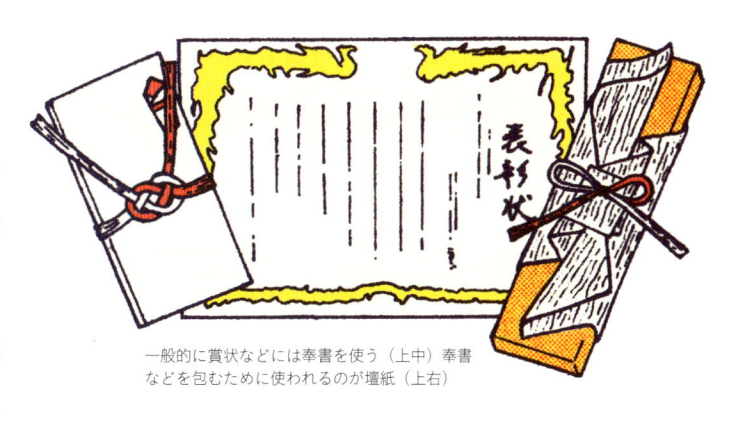

一般的に賞状などには奉書を使う（上中）奉書などを包むために使われるのが檀紙（上右）

4 国際礼法（プロトコール）と国内礼法
日本人なら使い分けたい二つの礼法

　今日、マナーもグローバルに通用するかどうかを意識する場面が多くなった。例えば、日本では左側が上位（床の間の発想）だが、国際的には右が上位。したがって天皇陛下は国際礼法にならい右に、皇后陛下は左に立たれる。国賓に対して礼を尽くすという観点から、宮中では現在、国際ルールに則っている。

　こうした国際礼法は「プロトコール」と呼ばれ、毎年、各国が会議を開いて見直しをはかっている。カリグラフィーを用いた正式な海外への招待状をつくる際などは、外務省の専門部署が監修したプロトコールガイドを参照したい。

　礼法に関する限り、私たちは日本式と国際式のダブルスタンダードの世界で生きている。歌舞伎や落語の世界では、左（舞台に向かって右）が上座となる。一方、お内裏様は西洋式にひな壇の右に、おひな様を左に飾る（関西は古式を踏襲し逆）。

　複数の講師を掲載するセミナー案内をレイアウトする場合など、左右の位置を取り違えると礼を失しかねない。現実的な対処法としては、「講演順」「アイウエオ順」など但し書きを入れれば悩まずにすむ。

国際的なルールでは、君主が右（向かって左）に立つ。ひな壇も現在では、左側におかれるのが主流

まとめ　人を招くことの心構え
相手との距離感をつかもう

　招待状も案内状も、手にした人がどう感じるか、受け手の立場に立つことがマナーの基本。人間の心は複雑だが、根底にあるのは好きか嫌いか。昔から育まれてきたルールには、万人に不愉快な思いをさせない知恵が込められている。受け手をマーケティングにおける「想定顧客」に置き換えてみると分かりやすいかもしれない。

　「フォーマルにするかカジュアルでいくかも、相手との人間（じんかん）距離によって決まります。式典や公的な行事は基本に則り、親近感やプライベートな場合は、遊びやエンターテイメント性の比重が高くなるといいですね」

　マナーのルールは、思いやりの気持ちを発揮するための生活の知恵。相手と自分との距離を考えながら、お互いハッピーになるようデザインを心がけたい。

岩下宣子・いわしたのりこ
マナーデザイナー。全日本作法会の内田宗輝氏、小笠原流小笠原清信氏のもとで学び、1985年、現代礼法研究所を設立。故事来歴をふまえ、現代のビジネスシーンやライフスタイルに即したマナー指導を行う。企業、学校などでの研修、講演のほか、『図解 マナー以前の社会人の基本』（講談社）はじめ著書多数。日本経済新聞土曜版に「実践マナー塾」を連載中。

招待状、ビジネスレター、DM etc...
マナーで恥をかかない紙選び

素材編

取材・文／石田純子

会社で扱う公式レターやお祝い事の招待状。
フォーマルな場では、用途に応じて紙を使い分けるのもマナーのうち。
事前に知っておきたい紙選びの知識を
竹尾の青柳晃一に聞いた。

1　公式レターのマナー
白orアイボリー・カマス貼りが主流

　改まったビジネスレターは封筒、便せんとも白またはアイボリー系が基本。
「バラク・オバマ米大統領の就任式の招待状は〈クラシッククレスト〉という象牙色のナチュラルな印象の紙が使われました（写真上）。森林認証紙を使用することで、環境への配慮もうかがえます」（竹尾・青柳）。
　ちなみに竹尾が自社で制作しているレターヘッドは〈アラベール・ホワイト〉、〈ルミネッセンス・マキシマムホワイト〉、〈モデラトーン・ピュア〉の3種類を使用（写真下）。
「改まった書状ほど、紙の質感にこだわり、紙自体の美しさや手触りを生かしたデザインにすると、それらしくなります」
　またビジネスレター用の封筒は、私的なイメージの強いダイヤ貼りではなく、カマス貼りにする。お詫び状も同様だ。ただし結婚式の招待状などは、改まった席とはいえ私的な内容なので、ダイヤ貼りでOK。

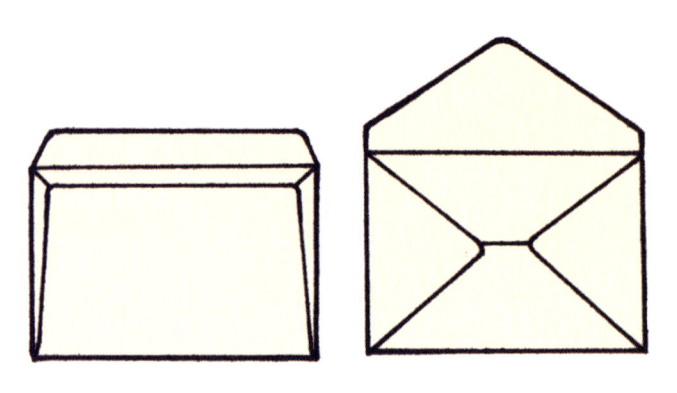

バラク・オバマ大統領就任式の招待状には森林認証紙の〈クラシッククレスト〉が使われた

竹尾のレターセットより（右）。左のイラストでは、右がダイヤ貼り、左がカマス貼り

2　制作コストとマナー
小ロットなら紙は贅沢に、
大ロットなら紙取りを工夫

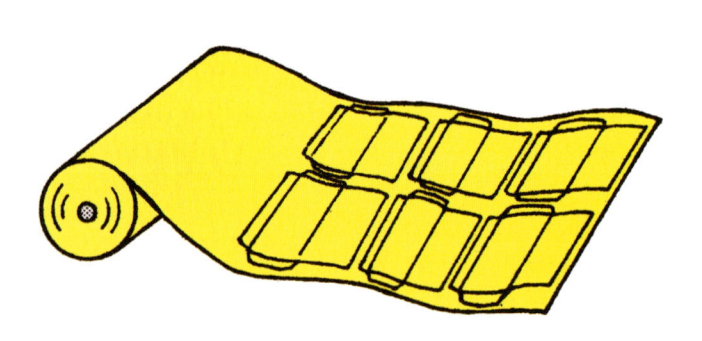

　招待状やDMは、送り主の第一印象を決める「顔」にもなる。その制作コストは、ロットが小さければ全体の中で紙代の占める比率が低くなり、ロットが大きければ紙代の比率が高くなる。したがって、数百部といった小ロットで制作するなら、紙のグレードを上げて見栄えのするものを制作し、何十万部単位の大ロットならば、ある程度の風合いがあり、コストパフォーマンスのよい紙を選ぶのが、費用対効果を高めるコツだ。
　また、デザインを起こす段階で原紙一枚の大きさを考慮し、効率的に紙取りできるようにすれば、紙代は圧縮できる。「封筒ならばダイヤ貼りよりカマス貼りが効率よく紙が使えます。また定型外のサイズの場合は、用紙のサイズを別寸法にするのを検討されてもよいと思います」

3 同じ紙を使って印象をそろえる
「紙の統一」が企業VIの新傾向

　名刺、封筒、レター、パンフレット、ダイレクトメール、紙袋……企業が制作する紙製ツールは多種多様。それらに使用する用紙をすべて統一するのが近年のVIの傾向だ。その場合、セレクトする紙は企業のイメージアップに貢献する風合いを備え、かつさまざまな用途に対応できるように斤量のバリエーションが豊富であることなどが条件となる。
　「〈ルミネッセンス〉は世界でも類を見ない高い白色度を持ち、企業イメージのアップにつながる紙です。また〈サーブル〉は、くせのない細かなエンボスが特徴の紙ですが、55kg（※）から320kgまでと斤量に幅があり、縦目・横目とも揃っているのでお薦めです。また斤量の種類は少ないものの、適度な白さとコストパフォーマンスの良さ、レーザープリンターへの適性が高いことから、名刺や封筒などをすべて〈テイクGA〉で統一した会社もありましたね」
　封筒は90〜110kg、便箋なら55kg〜70kgという斤量の目安も覚えておくとよいだろう。

※斤量はいずれも四六判の場合

まとめ　DM・招待状の紙
ポイントアドバイス

青柳晃一・あおやなぎこういち
竹尾　販売促進本部
マネージャー
1989年竹尾入社。東京営業本部、福岡支店などで営業を経験した後、2004年より販売促進本部へ配属になる。現在は、デザイナーへのファインペーパーのPRを主体に見本帖本店、青山見本帖の運営や竹尾の情報紙「PAPER'S」などの発行を行っている。www.takeo.co.jp

Q　高級ブランドの招待状を制作します。お薦めの紙は？

A　高級感の演出には、パール感のある紙を使うケースが多いですね。〈リアクション〉、〈スタードリーム〉のほか、トレーシングにパール加工を施した〈クラシコパール〉のような光沢感と透明感を合わせ持つ紙もあります。ヌメリ感のある質感が特長の〈ブライク〉も面白い使い方ができる紙です。

Q　箔押やエンボス加工に向く紙、向かない紙は？

A　箔押加工はあまり紙を選びませんが、効果を引き立たせるには、マットで色の濃い紙がお薦めです。また、エンボスは紙の厚みがある程度あって、表面が柔らかい紙の方がきれいに加工できます。特にお薦めなのは〈インバーコート〉で、細部まできれいに仕上がる上、押したエンボスが潰れません。世界中でパッケージに使用されています。

Q　ユニークでインパクトのあるDMをつくりたいのですが。

A　〈パチカ〉を使ってみてはいかがでしょう。熱を加えた部分が、透かしのように透明に変化する紙です。1〜2色くらいであれば印刷も可能なので、透明な加工と組み合わせても面白い効果が狙えます。印象に残るポストカードやDMなどには最適の紙だと思います。

Q　カジュアルなDMに使える紙は？

A　ナチュラル感を演出したいなら、表が未晒クラフト、裏が白色のリバーシブルペーパー〈クラフトペーパーデュプレ〉や、クラフト紙をヴィンテージジーンズのように仕上げた〈ファーストヴィンテージ〉などは新鮮みがあって面白い使い方ができそうです。またカラフルでポップな印象を出したいなら、色数の多い〈NTラシャ〉〈タント〉〈マーメイド〉などが選びやすいでしょう。

取材・文／石田純子

DMからグッズまで！
小グラ制作に役立つ依頼先リスト

いざ小グラ制作！となって、気になるのはやはりコストや納期。
ここでは、特殊印刷から、紙パッケージ、Tシャツまで、
さまざまな小グラをつくるときに便利な会社を列記した。
デザイナーのアイデアと製造会社のノウハウによって、
新しい小グラが生まれる！

	社名	業務内容	連絡先／ホームページ
特殊印刷	熊沢印刷工芸	スクリーン印刷を利用したUV盛り上げ印刷、ラメ印刷、フロッキー加工などの特殊印刷・加工を得意とする。パッケージ、ポストカード、DM制作のヒントになる技術に優れる	埼玉県戸田市美女木東 2-1-6 TEL.048-421-0490（営業本部） FAX.048-421-3890 head_office@kumazawa-sp.co.jp www.kumazawa-sp.co.jp
活版印刷	パピエ・ラボ （PAPIER LABO.）	活版印刷の受注を受け付けるショップ。DM、招待状、名刺などを扱い、デザインや活版に関する質問、相談にも応じる。紙の扱いも幅広く、店頭でさまざまなサンプルを見ることが可能	東京都渋谷区千駄ヶ谷 3-52-5-104 TEL・FAX.03-5411-1696 info@papierlabo.com www.papierlabo.com
スピード印刷	グラフィック	ウェブ入稿を受け付ける印刷通販会社。オンデマンドによるスピード印刷でも名刺、カード類は対応用紙の種類が豊富で〈ヴァンヌーボ〉なども選べる。サポートは24時間年中無休	京都府京都市伏見区下鳥羽東芹川町 33 TEL.050-2018-0708（スピード印刷問い合わせ） TEL.050-2018-0700（オフセット印刷等の総合窓口） www.graphic.jp
DM・招待状	NACAMURA	製本業を主体に封筒一体型のDM、変則的な製本・断裁加工にも対応。類似製造業者のネットワークもあるので、凝ったデザインのツールを制作する際は一度相談してみる価値あり	東京都墨田区東駒形 4-6-3 TEL.03-3622-8832 FAX.03-3626-6389 www.nacamura.co.jp
紙のショールーム	見本帖本店	紙の総合商社、竹尾が運営するショップとショールーム。見本帖本店の1階ショップでは約3000種類の紙がそろう。2階のショールームでは、紙の印刷・加工技術の情報などがえられるほか、展示やセミナーなどが行われている。その他、ショールームとして、青山見本帖、大阪見本帖がある	見本帖本店＝東京都千代田区神田錦町 3-18-3 TEL.03-3292-3669 青山見本帖＝東京都渋谷区神宮前 5-46-10 TEL.03-3409-8931 大阪見本帖＝大阪府東大阪市高井田中 1-1-3 TEL.06-6785-2224 www.takeo.co.jp（URLは3店舗共通）
紙のショールーム	ペーパーボイス	平和紙業が東京、大阪、名古屋の3都市に展開するショールーム。多数のファンシーペーパーを在庫し、1枚より購入可能。印刷加工の相談も受け付ける	ペーパーボイス東京＝ 東京都中央区新川 1-22-11 TEL.03-3206-8541 ペーパーボイス大阪＝ 大阪府大阪市中央区南船場 2-3-23 TEL.06-6262-0902 ペーパーボイス ヴェラム＝ 愛知県名古屋市中村区名駅 3-5-3 TEL.052-541-4029 www.heiwapaper.co.jp（URLは3店舗共通）
紙のショールーム	ペーパーイン	洋紙や文具類を扱うレイメイ藤井が展開するショールーム。特殊紙約4000アイテムを在庫し、1枚より購入可能。併設のギャラリーでは紙製品をテーマとする企画展も開催	福岡県福岡市博多区古門戸町 5-15 レイメイ藤井ビル 2F TEL.092-262-2264 www.paperinn.com
パッケージ	トキワパック	打ち抜き技術を応用した紙パッケージ、ブックケース、ディスプレイ用紙製ラックなどの製造実績が豊富。紙製品のみならず、塩ビパッケージ、バインダーなどの製造も請け負う	千葉県松戸市紙敷 990-1 TEL.047-392-3131 office@tokiwapack.co.jp tokiwapack.co.jp

	社名	業務内容	連絡先／ホームページ
紙器・エンボス	福永紙工	厚紙印刷、打抜・スジ押・エンボス・貼りなどによる紙の立体成型や構造設計を得意とする加工会社。自社ブランド「かみの工作所」では、その技術を駆使した製品を多数展開する	東京都立川市錦町 6-10-4 TEL.042-523-1515 info@kaminokousakujo.jp www.kaminokousakujo.jp
紙袋	山元紙包装社	紙箱、ポリ袋、エコバッグなどパッケージ全般の製造を手がけ、なかでも紙袋・手提げ袋の製袋、印刷実績が豊富な会社。遠隔地からの発注にも電話・データ入稿などで対応する	大阪府大阪市都島区中野町 2-9-3 TEL.06-6352-3031 全国対応フリーダイヤル＝ 0120-1185-78 東京・神奈川・千葉・埼玉・山梨・茨城専用フリーダイヤル＝ 0120-99-4129 www.yamagen-net.com
メモ	リード工業	特殊ボンドで接着し、ひねっても割れないブロックメモなど、オリジナルのメモ類の製造を請け負う。他にも卓上メモ、携帯用メモ、レポート用紙など関連製品を多数取り扱う	群馬県高崎市吉井町矢田 1013-1 TEL.027-387-2807 reed.co@reed-s.com www.reed-s.com
ふせん・粘着メモ	大成美術印刷所	貼ってはがせるタイプのふせん・メモ類の製造を請け負う。表紙付きの手帳タイプふせんや打ち抜き加工による変形メモ、再生紙仕様、小口を斜めにカットしたメモなども製造可能	東京都中央区湊 1-9-9 TEL.03-3552-3830 koukoku-bungu@tai-bi.co.jp www.tai-bi.co.jp/koukoku
ポップアップ	高田紙器製作所	エッチング刃による紙製品の細密な抜き加工と、ポップアップ、ペーパークラフトなど立体オリジナル製品の企画・設計・製造を行う。特許・実用新案取得製品も扱っている	東京都葛飾区堀切 3-26-16 TEL.03-3693-2181 FAX.03-3694-6181 www.85223.com
エコバッグ印刷	マークス	無漂白キャンバス地のエコバッグの印刷を得意とする会社。印刷方式はシルクスクリーン、インクジェット、転写など。最小ロット 10 枚から印刷を請け負う	群馬県桐生市相生町 5-204-10-C TEL.0277-32-5032 office1@marks-mail.co.jp
トランプ	大日本トランプ	トランプの企画製造を手がける会社。オリジナルデザインの注文は裏面（共通柄の面）4 色印刷が基本で、最小ロット 500 セットから。標準的な納期は校了後約 25 〜 30 日	滋賀県東近江市八日市清水 2-1-39 TEL.0748-22-0971 FAX.0748-24-1309 contact@dai-tora.com www.dai-tora.com
タオル印刷	日東リビング	ハンドタオルからバスタオルまで、各種タオルの印刷を行う。細い線が再現できる顔料印刷、浸透性のよい染料印刷など目的に応じてインキが選べ、抗菌防臭加工なども付加できる	東京都千代田区東神田 1-2-10 TEL.03-3862-8356 info@e-nitto.co.jp www.e-nitto.co.jp
シール	金沢シール	紙、ホイル紙、サテン素材などを使ったオリジナルシールのほか、マグネットステッカー、ラベル類の印刷・製造を行う。スクラッチシールのような独自技術もあり	本社＝石川県白山市横江町 495 house@kanazawaseal.co.jp 東京営業所＝ 東京都千代田区神田佐久間河岸 78-2 ヤマダイビル 5F TEL.03-3863-2008 www.kanazawaseal.co.jp
Tシャツプリント	プリズマ	インクジェット、シルクプリント、転写などによるTシャツプリントを得意とする。フロッキーやラメなど多彩な加工に対応。オリジナルデザインの最小ロットは 10 枚から	大阪府大阪市東淀川区豊里 6-28-11 TEL.06-6326-3966 FAX.06-6328-2673 www.prismacreative.co.jp
グッズへの印刷	シーガルハウス	シルクスクリーン印刷を利用して、紙類のほか、塩ビ、アクリル、金属、コルクなどへの小〜中ロット印刷を行う。立体でも平面部分があれば、印刷の相談に応じる	神奈川県秦野市平沢 257-1 TEL.0463-84-5541 info@seagullhouse.net www.seagullhouse.net

大小2種類の鏡を使用してデザインされた独創的なトロフィー。札幌ADCのグランプリ、準グランプリ、新人賞用に大きなものを、各部門賞用に小さなものを用意

製作スタッフには鏡面紙でできた賞状を用意。紙は五條製紙の鏡面紙のシリーズから〈スペシャリティーズ〉という、顔がよく映りこむ4種類の紙をセレクト

SMALL GRAPHIC COLUMN 5

2009年の札幌ADCの各賞受賞者は、喜びの瞬間の顔を決して忘れないだろう。なぜなら、その表情は授与の際、トロフィーに映し出されていたのだから。

受賞の喜びをそのままかたちに
「札幌ADCのトロフィー＆賞状」

取材・文／立古和智　撮影／山田薫

上田亮・うえだりょう
1977年滋賀県生まれ。insights inc.を経て、2005年COMMUNEを設立。飲食店や企業のロゴから、広告、ウェブ、プロダクトまで幅広く手がける。コンサドーレ札幌シーズンチケットやINSIDE OUTなどで2006年札幌ADC新人賞受賞。
www.commune-inc.jp

「記念になるもの」「残しておきたいもの」といったトロフィーとしての存在価値はそのままに、既存の枠を越えてデザインされた「札幌ADCのトロフィー＆賞状」。その見た目は手鏡か盾といったところか。写真では少々分かりにくいが、光っている表面は鏡。受賞者が、自らの喜びの表情と対面することのできるトロフィーだ。そこに施されたのは、マンガ風の擬音や後光のグラフィック。その意図はいうまでもなく「ドキドキ」「ワクワク」といった、受賞者の感情を絵的に物語ること。

アイデアを形にするにあたってデザイナー、上田亮が取ったファーストステップは、鏡のオーダーメイドに対応してくれる業者を探すことだった。その後、角丸処理、エッジの面取り加工を施した鏡への印刷には、シルク印刷を採用。鏡の裏面にはアルミホイルのような鏡面素材がコーティングされているが、その面は傷つきやすく見た目にも優れないため、ピンクの蛍光フェルトを入手し、スタッフと一緒に一枚ずつ手張りしたという。それが上田の思うマンガ特有のポップな質感を増幅している。

デザインするものを立体的にとらえることを旨としてきた上田ならでは完全オーダーメイドのトロフィー。トロフィーには見えない造形的なインパクトもさることながら、無味乾燥な鏡にユーモアやエモーションを巧みに注入したデザインは、受賞者の存在があってはじめて完結する。それこそがこの作品の肝といえるだろう。

Small Graphic 2
誘うグラフィック

文／杉瀬由希　写真／豊田都

心誘われる一枚のつくりかた
平林奈緒美の招待状

紙の個性を活かしたグラフィックワークに定評のある平林奈緒美。"誘う"代表格である招待状や案内状などの手紙の類も数多く手がけているが、自身はどんなデザインに心誘われるのだろう。

「"ちょっとした"ことなんですよ。紙の風合いや肌触りが気になるとか、レイアウトや印刷した感じが好きだとか。逆にヘンに凝っていたりするのは好きじゃない。自分でつくるときは、プロジェクトによって考え方はいろいろです。クライアントの意向や、そのお店の雰囲気とか。配る相手にもよりますし。そういう条件をひとつひとつ踏まえて考えていくと、大体の方向性が見えてきます」

そこで実際の作品を例に、いくつかのキーワードに沿って、"誘う"視点を語ってもらった。

ひらばやしなおみ　東京都生まれ。武蔵野美術大学空間演出デザイン学科を卒業後、資生堂宣伝部を経て2005年独立。「FSP」「ettusais」などの広告アートディレクション、ショップディレクションの分野で活躍する。
PLUG-IN GRAPHIC　info@plug-in.co.uk

076

方眼紙にタイプされた
スイスの学生からの手紙（中央）や、
印刷物に刷られた展示会招待状（手前）など、
手元に届いた印象深いものは大事にとってある

一枚の紙から伝わるもの

　受け取ったとき、差出人の気持ちが伝わってきて、その人に会いたくなる手紙ってありますよね。展覧会の案内状も、デジタル出力の事務的なものより、ご本人の直筆で一言メッセージを添えていただくと嬉しいし、あ、行ってみようかな、という気になる。そういうちょっとした心配りやひと手間で、相手に伝わるものって違ってくると思うんです。
　以前、スイス人の女の子から、デザインスクールのインターンシップ制度を使って私のところにデザインの勉強をしに来たいと依頼の手紙が届いたことがあります。写真一枚入ってるわけでもないし、便せんは普通の方眼紙、封筒にいたっては紙を折ってテープで留めてるだけなんですけど、なぜかすごく可愛いんですよ。切手がチョコレートの形だったり、便せんに恐竜の絵が描かれていたり。日本人にはない感覚で新鮮だったし、その手紙の雰囲気が会ったこともない彼女という人をとてもよく表しているように思えたんです。そのときの手紙は今でも大事に持っています。
　ショップカードや招待状なども気に入ったものはとっておきます。特に外国のものには素材や印刷加工が面白いものが多いですね。タブロイド紙のようなペラペラの紙に写真が印刷されていたり、日本では珍しいエングレイビングという手作業の印刷技術が施されていたり。決してこれ見よがしじゃなく、さり気なく凝っているところに惹かれるんです。

招待状やカタログなど手に取ってもらうものは、見た目の印象はもちろん、テクスチャーも大切。どんなお店で、どんな目的で、どんな人に渡すのか。それに応じて素材や加工を考えます。「〈marunouchi〉HOUSE」のインビテーションカードは、丸の内にできた大人の新スポットとしてふさわしいものにしたかったので、素朴な風合いの紙〈マガジンテキスト〉に金の箔押を施し、カジュアルな雰囲気の中にもそれとなくフォーマル感を演出しました。オープニング当日はあいにくの雨でしたが、持って来るときにこの紙が湿気を吸ってくしゃっとなった感じが何とも良かったんですよ。

ほかにもカフェを併設したセレクトショップの招待状にお菓子をイメージさせるレースペーパーを使ったり、モノクロ写真の展覧会招待状にはトレーシングペーパー〈クロマティコ〉の黒にシルク印刷してみたり。活版印刷も好きでよく使います。オフセットはデザインによってはあっさり仕上がってしまうことがよくありますが、活版は押し方によって太さやインキの溜まり具合が全然違うし、自然に汚れたりする感じもいいな。ただし文字は自分で組んだデータを版にしてもらうことが多いんです。活版をあくまで印刷効果として活用するほうが好みの仕上がりになりますね。

紙と印刷、テクスチャーへのこだわり

「〈marunouchi〉HOUSE」オープニング招待状（上）、「HOUSE MANJU」パッケージ（中央）、フリーペーパー（右）。用紙はすべて〈マガジンテキスト〉を使用

［左上］セレクトショップ「ARTS & SCIENCE」ショップカード。データで組んだ文字を活版で印刷することで、一枚一枚に風合いが生まれる
［右上］姉妹店の「ARTS & SCIENCE」「SHOES and THINGS」では、同じクラフト紙で金を全面に印刷したもの、ろう引きしたものとそれぞれ使い分けている
［左下］「journal standard luxe」オープニング招待状。箱を開けるとコットンの招待状と案内、ショップロゴがエンボスされたレースペーパーが現れる
［右下］HOUSE of SHISEIDO「マン・レイ展」招待状。半透明のトレーシングペーパー〈クロマティコ〉の黒を使って、写真と文字をシルク印刷した

「display」展覧会案内。ARTS & SCIENCEの展開するこのギャラリーでは、同形状の封筒を2色つくり、会期ごとに同じ封筒が顧客に届けられる。中の情報によって、上ぶた部分のデザインを変えて活版で刷る

「PINCEAU」レセプション招待状（右）、展示会案内（中）、オープン告知DM（左）。ロゴなどの入れ方は保ちながら、サイズや質感の異なる封筒やハガキを用い、毎回趣向を変えた演出をしている

080

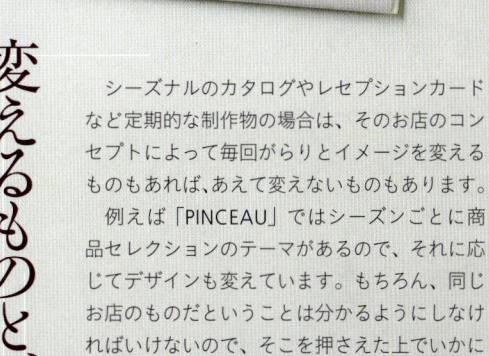

［上］「SALOTTO」招待状。フォーマルなステーショナリーをイメージした、いつも同じ印象を与える封筒で届けられる。
［下］「MEZZANINE BOUTIQUE」。シーズンごとのイメージを伝えるコンセプトブック（左）はカード形式やタブロイド型など毎回大きく形を変えるが、セールなど告知DM（右）は同じサイズのハガキを色違いで出す「変えない招待状」にしている

変えるものと、変えないもの

シーズナルのカタログやレセプションカードなど定期的な制作物の場合は、そのお店のコンセプトによって毎回がらりとイメージを変えるものもあれば、あえて変えないものもあります。

例えば「PINCEAU」ではシーズンごとに商品セレクションのテーマがあるので、それに応じてデザインも変えています。もちろん、同じお店のものだということは分かるようにしなければいけないので、そこを押さえた上でいかに変化を持たせられるか、ということですが。

一方、同じ洋服屋さんでも「SALOTTO」は、デザインもほとんど変えません。このお店の場合は、時代や流行に左右されない品質のいいオーソドックスな服の魅力や、ずっと変わらないことの安心感を伝えることが大事だから。ギャラリー「display」の案内状も、中のカードは毎回違うけれど、届くときは同じ封筒。こういう手法は、コストパフォーマンスの面だけでなく、あ、またあそこから届いた、と認知を促す仕掛けとしても有効なんじゃないかなと。

考え方の切り口としてはもうひとつ、親切にすることとあえて親切にしないこと、というのもありますね。分からないほうが想像力を刺激されてイメージが膨らむものもある。そのあたりのさじ加減もデザイナーに期待されている重要な要素のひとつだと思っています。

「エテュセ　キックオフカンファレンス」
折りたたんで送られた招待状（中央）と、発表会で配られるプレスキット（左）

　ARTS & SCIENCE初の展示会の招待状をつくるとき、お店のオーナーがいったんです。「招待状は出すけど、必ずしもみんなに来て欲しいわけじゃないのよね」（笑）。そこで考えたのが空押で見せるというやり方。文字情報もすべて空押なので、パッと見ただけでは何が書かれているのか分からないんですよ。でも、それを一生懸命見て、読もうとしてくれる人だけ来てくれればいい、と。そんなふうに受け取る相手との距離感を考えることも、こういうものをつくるときには大事だと思うし、そこからアイデアが浮かんだりするんです。
　誘うという意味では、化粧品のプレスパーティー用のツールもそうですよね。「エテュセ」のリニューアル発表会の招待状では、写真は使わず、主力商品を大きなイラストで見せて登場感を演出しました。また、発表会で配る商品キットでは、プールバッグのようなコットンの巾着袋をつくりました。いわゆる化粧品の豪華な箱に入ったキットとは違うけれど、このブランドには、こういうものの方が合ってると思って。「FSP」のデビューのときは、プレスパーティー自体をやめて、浮いたお金でZEROのジェラルミン製トランクを買えるだけ買い、中を改造して商品を詰めたものをマスコミ関係者に送るというイレギュラーな方法を取りました。冒険ではあったけれど、結構皆さん興味を持ってくれて、想像以上に反響は大きかったですね。

［上］「FSP」トランク入りのプレスキット。新しいブランドのデビュー時に広告と連動して、飛行場から旅に出るイメージで制作した
［右下］「MEZZANINE BOUTIQUE」DM。メール便の伝票を貼って届けられるときの印象まで考えて、伝票デザインがよい業者を指定し、その貼る位置までデザインで指定されている
［左下］「ARTS & SCIENCE 2007-2008 Autumn and Winter Exhibition」。空押しだけで文字情報が組まれた"読みにくい"招待状

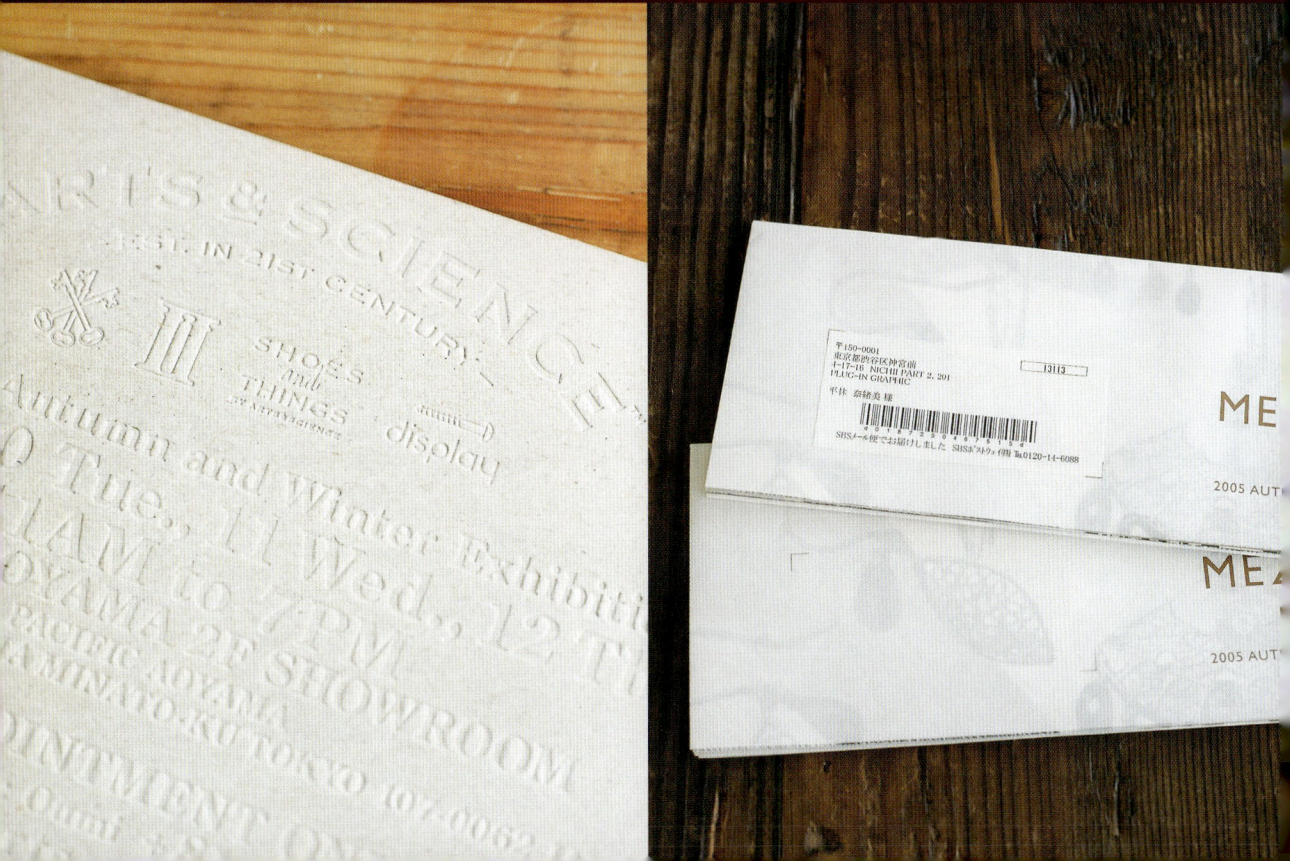

フランク・ミュラーの招待状
AD＝美澤修　D＝梶谷聡美
2005年「ブラックマジック コレクション」のフェア告知ツール。中の封筒を開くと、特徴的な数字をモチーフにした模様の型抜が現れる。顧客のみに送られるこの招待状は、ノベルティと違い制作部数が多いため、限られたコストの中で高いクオリティーを目指した。
使用した紙：カバー＝オフセット印刷が可能なフィルム〈アリンダ〉、封筒＝〈サイセイ21〉ブラック、挨拶状＝〈クロマティコ〉ベリーピンク、マンゴー

FRANCK MULLER
DAMIANI
CHANEL

美澤 修
高級ブランドのデザインマナー

上質な紙、凝った加工、美しい仕上がり……
ものとしての存在感を感じさせる高級ブランドのDMは、
商品以上にブランドの思いを伝えるものではないだろうか。
目に見えない思いを形にし、
顧客を「誘う」DMづくりの極意とはいったい何なのだろう。
高級ブランドのDMを数多く手がける、
アートディレクターの美澤 修に話を聞いた。

取材・文／伊部玉紀
撮影／桜井ただひさ

フランク ミュラ のノベルティグッズ
AD＝美澤修　D＝梶谷聡美

［上］2006年カレンダー、［中］2005年のクリスマス用ノベルティ（メモ帳）、［下］2005年「ブラックマジック コレクション」のフェア用ノベルティのトランプ。トランプの箱のふたは、どこを見ても黒色になるよう、独特なぬめり感のある厚手の紙〈GAファイル〉に究極の黒い紙〈スーパーコントラスト〉を巻くというこだわりよう。

使用した紙：上から、カレンダー＝独特の輝きを持った紙〈きらびき〉を〈板紙〉に合紙　メモ帳外箱＝両面パール加工紙〈キュリアス メタル〉ホワイト　メモ帳中頁＝トレーシングペーパー〈クロマティコ〉、〈タント〉　トランプ本体＝〈プラスチックカード〉

ダミアーニの招待状
AD＝美澤修　D＝梶谷聡美
高級ジュエリーブランドの招待状。「高級感や上質さを表現するため、紙の質感にこだわった」と語る美澤。高価な紙を使えるよう、仕様を工夫。封筒とDMの1〜2枚目の箔押に同じ版を使用している。きらめく風合いの紙を使用して、ブランドの品格とイベントのイメージを表現。
使用した紙：1枚目＝両面メタリックパール調の〈スタードリーム〉アクアマリン　2枚目＝〈スタードリーム〉ブロンズ　3、4枚目＝見る角度によって美しく虹色に変化する〈キュリアスTL〉パール　封筒＝細かいパールの入った〈シェルリン〉プレーン

高級ブランドの理念に支えられた商品には、それぞれ「トーン&マナー」がある と、アートディレクターの美澤修は考えている。「トーン&マナー」とは、形で見せられるものではないが、あえて言葉にしてみると、ブランドの個性（トーン）と、商品やサービスにおける理念とクオリティー（マナー）ということだろう。「高級ブランドのためのデザインにおいては、トーン&マナーを理解することが最も大切」という美澤は、一つのブランドとの付き合いが長期になるケースが多く、クライアントと話し合いを重ねながら、自分の中でも個々のブランドのトーン&マナーを育てているという。こうしたコミュニケーションが、ブレのないものづくりにつながっているのだ。

高級ブランドのDMが届く顧客は、ハイクラスの人々。だからこそ本質的なものづくりが求められる。例えばフランク・ミュラー「ブラックマジック コレクション」のノベルティは、箱の小口にまで黒の色が出るような紙選びや加工など、ディテールにこだわってつくられている。フランク・ミュラーの招待状やノベルティは、千部以下の少部数が基本。そのため、一つにかけられるコストは高くなる。また、部数が少ないことで、紙の値段が及ぼす影響は小さくなり、特殊な加工についても、多少は無理な注文を聞いてもらうこともできる。そんな新しい試みや挑戦が、ブランドにとっての「絶対

シャネル・ネクサス・ホールの招待状
AD＝美澤修　D＝竹田麻衣子
「シャネル・ネクサス・ホール」は、シャネル銀座ビルディングの中にあるイベントスペース。一見シンプルだが、シャネルにおいて重要な意味を持つ「黒」には特色を使用し、シャネルを象徴する「カメリア」のマークを箔押しにするなど、シャネルのトーン＆マナーを守り品格のあるデザインに仕上げている。
使用した紙：左から、「ピグマリオン・デイズ」の封筒＝〈ミセスB〉ホワイト　招待状＝砂目模様の入った紙〈サーブル〉スノーホワイト　「ELLIOTT ERWITT展」の封筒＝織柄のような凹凸がある〈ジャガードGA〉黒　招待状＝〈ミセスB〉スーパーホワイト　挨拶状＝〈クロマティコ〉レッド

みさわおさむ
1989年渡米。Javier Romeroに師事。フリーのADとしてNYを拠点に活躍し、98年帰国後「美澤修デザイン室」設立。08年よりAD竹内衛と共にomdr設立。企業や商品のブランディング、グラフィックデザインなどを手がける。東京造形大学准教授。www.omdr.co.jp　撮影／宮本昭二

にはずせないポイント」を押さえ、上質で本質を見きわめるものづくりを可能にしているのだ。しかし、どのブランドも同じ条件というわけではない。コストを抑えなければならない場合は、紙選びを優先し、仕様を工夫することも大切だけれど、それ以前に"本質"であることを表現したい。そこで紙が重要な要素になるんです。そこで嘘はないですからね」
ブランドのトーン＆マナーには、「そのブランドが考える高級感」というイメージが含まれる。しかし、そのイメージを守ることに窮屈さを感じることはないと美澤はいう。「僕はデザイナーとして絵をつくる人でありたい。またその一方で、デザインの仕事は、クリエイティブという手法を使ったコンサルティングだと考えています」。そして、ブランドの考え方の延長線上にトライしながら、新しいものをつくることにやりがいを感じるという。高級ブランドのグラフィックに対する美澤の挑戦は、これからも続いていく。

取材・文／伊部玉紀、編集部（pp.88-93）

ファッションブランドの
DM・招待状カタログ

ブランドの世界観を上手に表現した
展示会、パーティーなどのDM・招待状を紹介。

2007-2008年A/W　招待状（国内）
CD＝皆川明　　AD＋D＝名久井直子
IL＝minä perhonen　PD＝落合崇（GRAPH）以下同
色とりどりの紙ふぶきが舞うかのような
新作のテキスタイルに合わせて、招待状は八角形に。
封筒と中に入れた紙ふぶきの粒は同時に面付し、原物の色調を活かすために
ワイドカラー印刷のインキを使用。表面は〈Nエスプリコート C〉にグロスPP。
左右のヒモを引っ張ると上部がカットされて中身が出せる仕組み

minä perhonen

物語が感じられるような
テキスタイルデザインに定評のある、
ファッションブランド。
チーフデザイナーは皆川明。
刺繍やプリント、織りなどさまざまな技法で
つくられるテキスタイルの手触りや質感が、
そのまま感じられるような招待状や
DMを毎回制作している

［左］京都のショップオープンDM　2007年
京都の持つイメージとおめでたい華やかな感じを
意識して〈特Aクッション〉に金箔押と凸版2色刷り。
［右］2007年S/S　DM
新作テキスタイル「necco」を
デザインした顧客向けDM。
もとのテキスタイルが刺繍なので、
その風合いを活かすため
凸版で印刷。紙は〈ヘリオスGA〉

2007-2008年A/W　招待状（パリ）
パリでのコレクション発表の招待状。
ステージにテープを使って花を描くということで、
招待状もテープを貼り付けて描いた原画をもとにデザイン。
チープなざっくりとした紙〈両更クラフト〉にゴージャスな
ブルーのパールでシルク印刷をし、青いテープで封をした

088

展覧会「window dressing of buyable art」の告知DM（3種）
2004年
CD＝泉英一　AD＋D＝enamel. 以下同
〈板紙〉に2色印刷をして型抜。
DMをつくるときに出た余りの紙にコラージュをしてブローチに加工し、
店頭でノベルティとして配った。切り取り線が入っているため、
行きたい展覧会の情報だけを切り取って持ち歩くことができる

DESPERADO

国内外さまざまな個性派ブランドのセレクトショップ
「DESPERADO」での展示の告知DM。
JR渋谷駅の埼京線ホームから見えるウインドウと
店内を使って、毎年9つの展示が行われる。
そのうち3回分の展示情報を記載したDMは
毎回こだわって年間3つ制作している

展覧会「window dressing of buyable art」の告知DM（3種）
2003年
「food」が展覧会のテーマの一つであったため、
〈板紙〉に2色印刷をして人の腸の形に型抜加工。
シュルレアリスムを意識して、
イメージからイメージを起こしていく
方法でデザインし、
白昼夢のような不思議な世界を表現した

展覧会
「window dressing of buyable art」の告知DM（2種）
2007年
もらった人が壁に貼ったり、DMが店頭に並んでいる状況を想像し、
香水のテスター紙のような香りが感じられる紙
〈ニューパールコート〉をセレクト。
プロセス4色のスミ版を抜いて3色刷りにし、
色あせた感じを出した。バラとグラスの形に型抜している

FRAPBOIS

2005年A/W Exhibition　招待状
AD＋D＝風間重美
ブランドのロゴにも使われている木琴の棒と、
ブランドネームに含まれる「木（BOIS）」をモチーフにした、
遊び心のあるフラッグ風の招待状。
透け感のある〈ピーチコート〉にUVインキで印刷。
緑色の濃度を調整して両面の見え方、
文字の可読性を良くするよう気を付けた

［左］2007年S/S Exhibition　招待状
［右］2007年Summer Exhibition　招待状
AD＋D＝阿部一秀
［左］貝の質感に似たパール感のある
〈スノーフィールド〉を使用。ジャバラ部分の裏面は
青く印刷してあるため、貝殻を開いたときに
紙に青が淡く反射して海面をイメージさせる。
［右］紙に赤や青や黄の粒が混ざり、
海を泳ぐ魚を連想させる再生紙の〈ばらむ〉を選択

ABAHOUSE

［左2点］2007年S/S　ノベルティ（ハンカチ）
［右］2007年S/S　カタログ
AD＋D＝野尻大作
レトロなクラシックスポーツのスタイルを表現した
コレクションから発想。両方ともケースは、
文字を型抜した後にマットPP加工して
文字部分をふさいだ。型抜面の裏側に糊が付かないよう
PP側ではなくケース側に糊付けしている。
カタログの本文はミシン目から切り取れる

Dgrace

[左] 2006年A/W 招待状
[右] 2007年S/S 招待状
CD＝工藤瑞穂　AD＋D＝enamel.
毎回デザイナーから
コレクションテーマを表す
言葉や詩を聞き、そこからイメージをして制作。
2mm厚の〈板紙〉に合紙をし、
グロスPPを貼って型抜した。
このブランドの世界観を伝えるために、
ページをめくることができる絵本のような効果を狙っている

gomme

[左から] 2005年A/W、2001年A/W、
2004年A/W、2007年S/S　招待状
CD＋AD＝鷲見陽　D＝澤田千尋、内藤麻美子
コレクションのテーマをデザイナーと話し合い、
その時の洋服の気分を紙使いや印刷・加工で表現。
2005年A/W（左端）のカードは、合成紙〈ユポ〉に黒を刷って
マットニスをかけた後、光沢のある黒箔と金箔を
型押するという複雑な加工で、工芸品のような感触に仕上がった

BEAMS

BEAMS原宿オープニングの招待状　2004年
CD＋AD＝長友美恵子　D＝坂田友紀　IL＝山根 Yuriko 茂樹
原宿店舗のリニューアル計画「ビームス ストリート プロジェクト」
第1弾としてオープンした店舗の招待状。
店舗の入口から内部がのぞけるような仕掛けにすることで、
より興味を引くよう工夫した。〈NTラシャ〉に印刷後、
型抜し（入口部分）、折り貼り加工をして立体にしている

FAT

[左] バーゲンDM　2007年
[右] 2007年A/W　展示会招待状
AD＋D＝泉伸明　C＝Thomas Liles
IL [右のみ] ＝西野久美子
[左] 「work」をテーマとした加工品と無加工品のウエアから
イメージした紙〈ダンボールA段〉にシルク印刷。
汚れや傷などの加工をした黒と赤のデザイン上から
白を刷り奥行きを出した。
[右] ミリタリーウエアをテーマとしたコレクションでは、
軍の勲章のような缶バッジを付けた

JUNKO SHIMADA

新ブランド「mocassin」の招待状　2006年
AD＝日高英輝　D＝木谷史
質感が良く、さりげない高級感がありながらもカジュアルな感じが出る、
ブランドコンセプトと合う紙〈アラベール〉に特色で印刷。
テーマが「ハート」と「ピンク」だったため、
4個のハートを回転させてつなげ、
大人の女性も引かれるようなデザインに

Zadig & Voltaire

パーティーDM　2007年
CD＝HiRAO INC　AD＝NESCO　PD＝工藤信正
ゴージャス、セレブというコンセプトからイメージし、
紙は〈キュリアスTL〉ゴールドを選択。
ブランドロゴやポケットに入ったフィルムが
透けて見える効果を狙った。
8ミリを連想するような印刷したフィルムは、
フランス映画祭を絡めた
パーティーという意図を伝えている

クリスマスカード　2006年
CD＝宮田識、広瀬正明　AD＝古屋友章
D＝赤木泰隆、平野篤史　IL＝赤木泰隆
パイロット用の機械式腕時計（クロノグラフ）から始まったという
「BREITLING」が所有している飛行機をモチーフにした
顧客用クリスマスカード。〈ヴァンヌーボ〉を使用し、
型抜の部分を丸く切り取りヒモを通して回すと、サンタが
空の旅を楽しむ様子が見られる玩具になる

BREITLING

展示会招待状　2007年
CD＝宮田識、広瀬正明　AD＝古屋友章
D＝平野篤史　P＝古屋友章、小川貴光、平野篤史
スイスの老舗時計ブランド「BREITLING」の
販売店向けの展示会招待状は、
ブランドのメッセージブックも兼ねている。
存在感と物質感が出るようにと、サイズは38×38cmと
ずっしりと重く、表紙には〈GAファイル〉を使い、
透明ニスをライン状に入れるなど
手触りや質感にもこだわっている

H.P.FRANCE

2005年A/W　招待状
AD＋D＝関口元、佐野智子
コレクションテーマは「GÂTEAUX（焼き菓子）」。
パリのパン屋に売っているようなケーキと
ラフな包装をイメージしてデザイン。
ケーキ本体は〈ジェントル〉を型抜し手で組み立てた。
郵送される間につぶれないよう、
一枚の展開図の内部に紙片の立て柱を付けて工夫した

2005年S/S　招待状
AD＋D＝関口元、佐野智子
「plage（浜辺）」をテーマに、バッグの中から
バカンスにぴったりの商品が印刷されたカードが
次々に出てくる招待状。カードは
〈グレートケナフ〉を使って型抜加工し、
ノスタルジックな雰囲気を出すために
わざと古ぼけた印象になるよう印刷した

螢光TOKYO
演劇と広告の世界を
行き来する理由

山内ケンジと螢光TOKYOの手島 領。
CM広告で目覚ましい活躍を続ける両者が、演劇という
カテゴリーでタッグを組んでいる。
演劇から得られるという、
"広告に必要な次世代のコミュニケーション法"とは？
手島領に直接聞いてみた。

取材・文／編集部

『若い夫のすてきな微笑み』公演会場で販売された販促グッズ。(右ページ上から順に)バンダナ、蛇腹型のカタログ、缶バッジ、マッチ、Tシャツ、アメなど、すべてのアイテムが「若い夫の〜」というキャッチコピーとユニークなグラフィックで仕上げてある

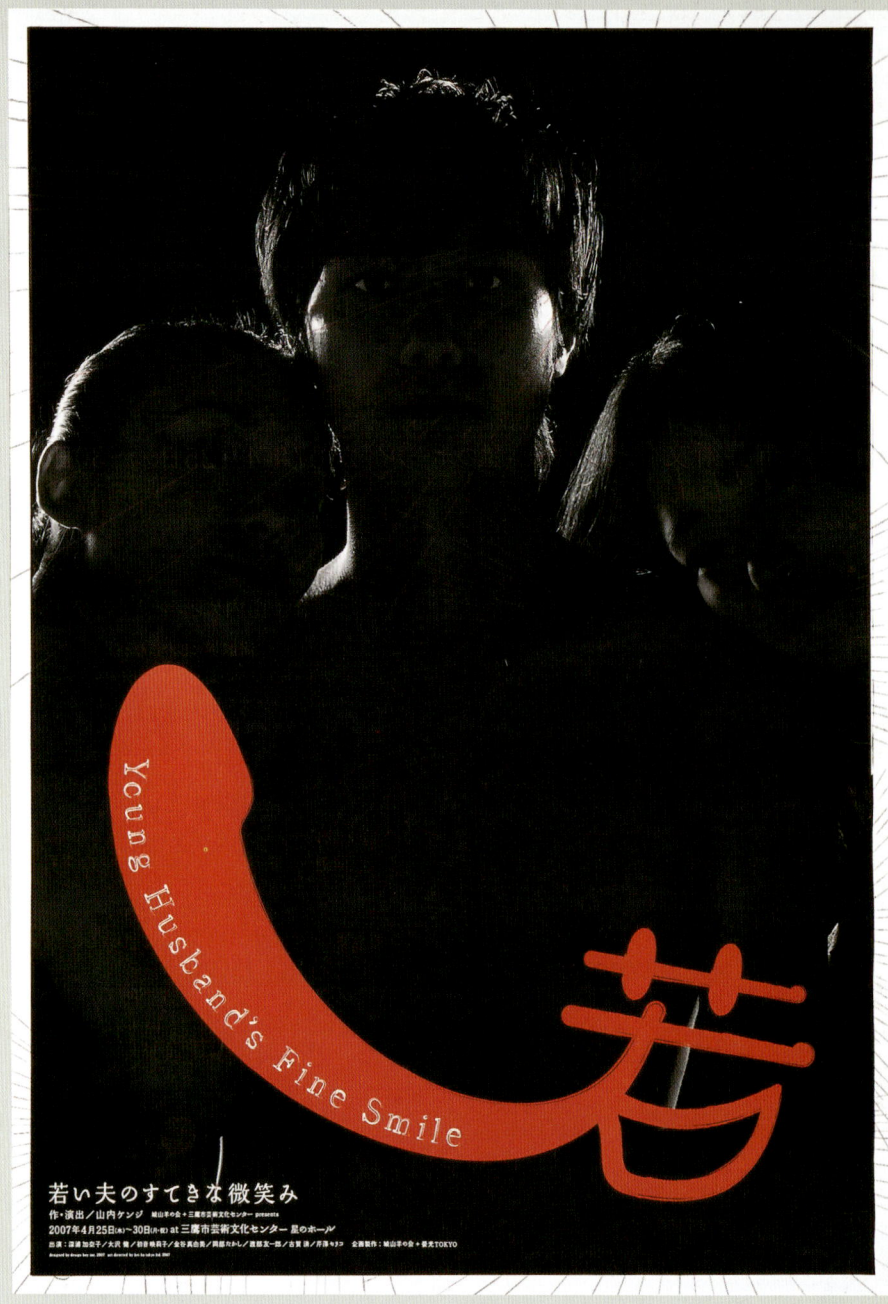

「若い夫のすてきな微笑み」公演ポスター。人間の奥底に眠る感情を写真でストレートに表現（撮影は、螢光TOKYOのRinが担当）しながらも、作品のテンションを伝えるために、ちょっぴり卑猥で滑稽なロゴを用いて全体のバランスを維持している。AD＝手島 領　D＝榮井慎也（DESIGN BOY INC.）

真っ暗な闇の中にぼんやりと映り込む主人公たちの姿。グロスニスで刷られた反転文字。情念的な雰囲気を醸しだしながらも、卑猥でポップなタイトルロゴ。2007年4月25日から5日間、東京の三鷹市芸術文化センターで公演された山内ケンジ作『若い夫のすてきな微笑み』のためにつくられたポスター（写真上）をはじめ、一連の宣伝物は、山内ワールドの魅力がダイレクトに伝わる魅力を持っている。

語学学校のNOVA（「we are NOVA 友！」）はじめ、ポップ＆シュールの世界を描かせたら業界トップクラスのCMディレクターの山内ケンジ。彼は、数年前から舞台の脚本・演出を行っている。そのほとんどの宣伝物を担当しているのが、同じくCMを多く手がけるクリエイティブ・ディレクターの手島 領だ。

「演劇の中で繰り広げられる"山内ワールド"が単純に好きだからという理由もありますが、同時に自分に対しての訓練の意味もあるんですよ」と、手島は演劇というフィールドに進出した理由を語る。

デザイナーはある程度の経験を積むと、自分なりの正攻法を見いだしていく。しかし、手島は、広告というマスを対象にしながらも、常に新しい表現が求められる世界において、確実な方法が"読めてしまう"のは危険だとも考える。

「異質なものを体験して、元来自分が持っていたものとリミックスすることで、より

以前に上演された二作品も手島がグラフィックを担当している。作品の内容、公演の規模にあわせて、制作物のトーンも変わっている。
AD＝手島 領　D＝大城亮太
（DESIGN BOY INC.）

てしまりょう
1969年愛知県生まれ。1992年多摩美術大学グラフィックデザイン科卒業後、博報堂入社。2005年、前田康二とともに「螢光TOKYO」を設立。07年、デザイン事務所「DESIGN BOY INC.」を立ち上げた。
www.keikotokyo.com

柔軟なアタマになれるんです。演劇の場合、クライアント（山内）や観客の反応が、直に返ってきますからね。それは同時に、演劇に対する感情や気持ちのうねりを分けてもらっている感じ。それが別の制作へのモチベーションになることもあります」

常に次の行く先を見定める彼は、次世代広告を示す「広告2.0」に対し、もっと"体感"や"感覚"に依った「広告0.0」こそ重要だと唱える。

「コミュニケーションのスピードや形態がどんどん複雑化していく社会で、ネットワークそのものが持つ弊害に気付き、不安になるんです。そんなときに演劇の制作を通じて体感したコミュニケーションは、今後の核になっていくような気がします」

08年の年明けには、螢光TOKYOとして、演劇、ライブなどを中心にしたイベントを六本木で自らプロデュースする。今後も手島は、演劇と広告の世界を行き来しながら、自己の表現領域を活性化し続けていくのだろう。

「行きたくなる！」美術展／映画

見る者に「行こう！」とアクションを起こさせるようなグラフィックの技とはどんなものか？最近の美術展や映画関連の宣伝広告物から業界のルールや最新の傾向などを探ってみよう。

取材・文／白坂ゆり（pp.98-101）、松葉紀子（pp.102-105）、編集部
協力／ピターズエンド

Art

大エルミタージュ美術館展
2006年　AD＝大溝 裕
説明的なサブタイトルや作家名の連記を堂々とまとめて出してしまい、斬新なロゴによってエルミタージュのイメージを超えた。オレンジはゴーギャンの絵からインスパイアされた色

スーパーエッシャー展
2006年　AD＝有山達也
エッシャーのサイン「MCE」をロゴタイプ化して、幾何学的なキーアイコンを作成。版画の作家であることから、美術展には珍しいことだが、広告物は全てモノクロでの表現手法にこだわった

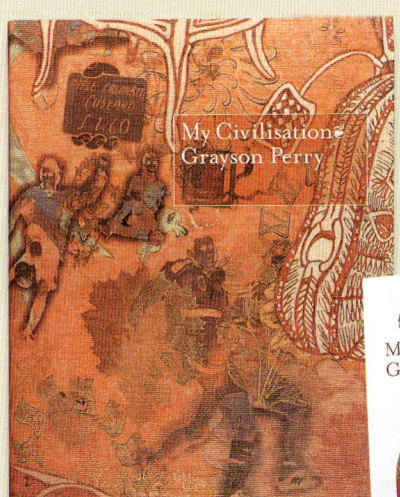

我が文明：グレイソン・ペリー展

2007年　AD＝近藤一弥
「(宣伝物は)もう一つの展覧会をつくること」と語る近藤は、作家性と企画を綿密に読み解き、グラフィックに落とし込んだ。タイトル間に配された記号(「My Civilisation〜」の後の記号)は古典的なイメージだが、ここでは同時にポップなアイコンにさえ見える

日本美術が笑う

2007年　AD＝柿木原政広
「インパクトのあるタイトルを立てながら、新鮮かつ今っぽいものに」と、竹のフシをイメージしたロゴタイプを制作。同時に「松、竹、梅、水、太陽」をアイコン化して、笑っている人の顔のように配した

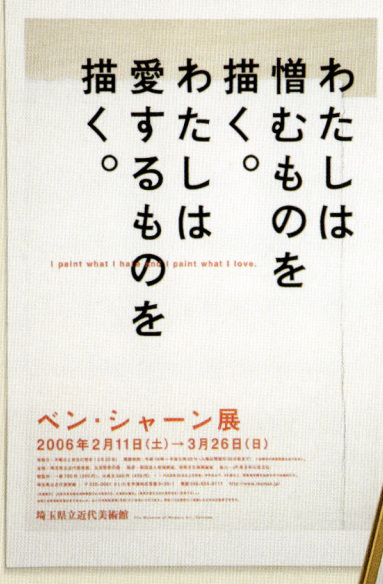

ベン・シャーン展

2006年　AD＝山下雅士
個展の場合は、作家の世界観をミクロもしくはマクロに置き換えてみる。作家に政治的な側面もあるため、絵と作家の言葉で2種類作成した。図録は、クロス仕様、上製本、箔押なのに2000円というおトク感で完売

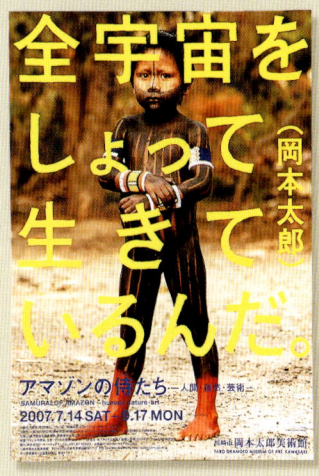

「アマゾンの侍たち
　　　―人間・自然・芸術―」展

2007年　AD＝大溝 裕　D＝赤松幸子
チラシは全6種。岡本太郎の遺した数々の言葉の中から6つを選び、写真を6枚選んで組み合わせた。単館の自主企画では予算がない分、キュレーターとじっくりやりとりできる

シュルレアリスム展
―謎を巡る不思議な旅

2007年　AD＝山下雅士
メレット・オッペンハイムの作品にインスピレーションを得て、本を黒いファーで覆った特装本（右）。一方、廉価版（左）は、アンドレ・マッソンの作品をイメージして、フロッキー加工で印象深いものに仕上げた

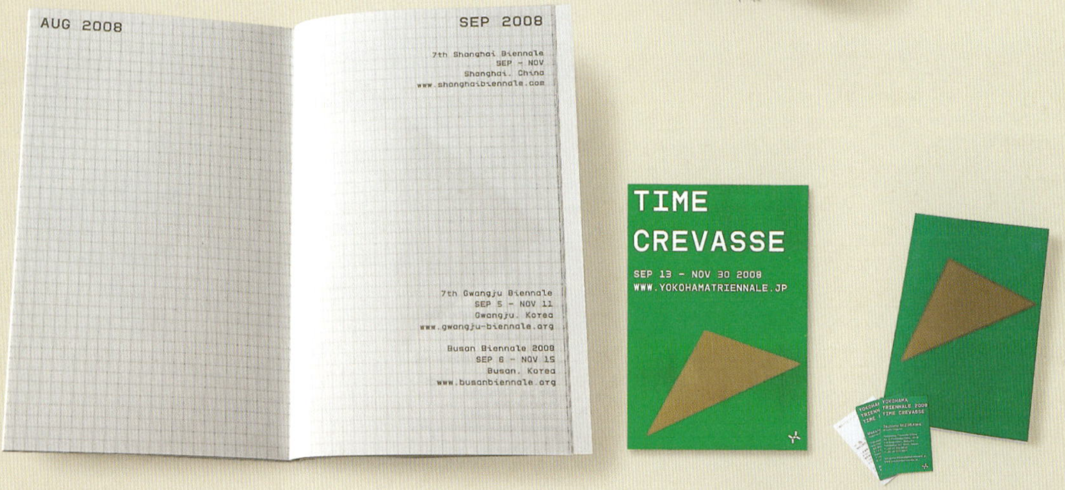

横浜トリエンナーレ

2007年　AD＝菊地敦己
金色の三角形は不定形。媒体ごとに違う大きさ、形のものが登場し、連続して見ると浮遊感や光の空間をイメージさせる。「タイムクレバス」というテーマを象徴するビジュアル設計。高彩度のグリーンも視認性を高めている

パルマ
―イタリア美術、もう一つの都

2007年　AD＝大溝裕　D＝赤松幸子
16世紀から17世紀、パルマという都市に華開いた美術を紹介する企画。認知度の低い「パルマ」という都市名のロゴを大きく、劇的にトリミングされた絵画の場面と併せて印象づけた

特別展
「レオナルド・ダ・ヴィンチ―天才の実像」
2006年
AD＝松下計　D＝田辺智子
作品「受胎告知」を主役に、さまざまなグラフィックを展開。招待状に同封されたミニポスターを「ミウラ折り」に。ケースに納められた小さな冊子を開くと、折りたたまれていた「受胎告知」が現れる

誰でも分かる"ひっかかり"をつくる

　近頃、展覧会のチラシやポスター、図録やチケットなどのデザインが変わって来た。数年前までは美術ファンだけしか気にしない広告だったが、最近は、一般の人でも、なんとなく目に留まり「面白そうだな」と思えるビジュアルが増えてきたように感じる。

　この背景には、美術館経営や時代の変化に伴い、宣伝に対する意識が高まってきたという事実もある。広告など、他ジャンルも手がけるデザイナーの起用により、踏襲されてきた仕組みを乗り越えるデザインが現れてもいる。

　グランツの大溝裕が手がけたプーシキン美術館展では、主催者からの「この規模の西洋名画展の動員は通常25万人。これを35万人にするための知恵を貸してほしい」という会話から始まった。作品が映える赤をベースにした上品で目を引くプレスキットから成果を上げ、固定のファン層に留まらず、現代美術ファンの心も動かす。以来、"もうひと押し"が必要な大型展の依頼が増えたという。

　「中小規模の美術館キュレーターとともにビジュアルを制作してきた経験があるので、決められた予算の中で枠組みを変えたり、内容をおとしめずに広告的な発想を取り入れたりと、型通りではない提案をするからかもしれないですね」と自身で分析する。とはいえ、著作権上の規定で文字乗せやトリミングができないなど案外制約の多い美術展。「だからこそ作品をいかに効果的に見せるか、目的に絞ってデザインできる」と大溝は強調する。

　スリープウォークの山下雅士は、「ピクトグラム的に『こっちですよ』と、観客を引き寄せたい。そのためにも作品や展覧会の魅力を引き出す明快な色やかたち、テクスチャーなどの丁寧な表現を心がけています。自己の表現と展覧会に対するオマージュの中間を目指す感じ」と語る。

　「着地点としては、展覧会や作家に対するベストな"拡大解釈"と"集約"をしてあげれば良いと思います。そのさじ加減が要。ストライクゾーンには投げるけど、インハイを狙いたい。良い意味でのぎくしゃくしたものや引っかかりが、人を立ち止まらせるフックになるんじゃないかと。その最終判断はロジックではなく"勘"を働かせたいんです」

　ここでいうフックとは、時世に留まらず、過去や未来にもかかる領域にある。例えばバウハウスのポスターのように、アーカイブでもあり、独立した価値を持つこともある。美術展グラフィックは長い時間をはらんでいる。

始皇帝と彩色兵馬俑展
2006年　AD＝大溝 裕　D＝赤松幸子
博物館で行われる歴史展というと、どうしても固い表現に落ち着いてしまいがちだが、より幅広い客層に来場してもらうため、展示品をアイコン化し、効果的に使用している

「美術館は白亜紀の夢を見る」展
2006年　AD＝山下雅士
博物館と美術館の収蔵品をつなぐというテーマと展覧会名から、時空の距離感、卵や月のようなもの、それらを蛍光の黄色と宝箱を模した図録で構成。展覧会の肝となる部分をピンポイントで取り上げたような表現

Film

グアンタナモ、僕達が見た真実
2007年　AD＝岡野登
映画の舞台となるイギリス、パキスタン、そしてグアンタナモの位置関係が分かりやすいように地図を折って封筒に。パンフレットは、収容所の雰囲気を伝えるために鉄条網文様を銀箔で表現した

僕は妹に恋をする
2007年　AD＝川村哲司
「兄妹の禁断の恋」が主題の映画。危うさ／はかなさを表現するため、白飛ばしの写真をディレクションで要求。プレス表紙には回想シーンに登場するシロツメクサのモチーフを型押した

©2006「僕妹」フィルムパートナーズ

102

ゆれる

2006年　AD＝福地掌　D＝田中 誠
タイトルが示すような「断定できないアンバランスな情緒感」を目指しながらも、それを手に取った人それぞれが持つ、心の「ゆれ」に委ねることができるように表現を工夫している

あるスキャンダルの覚え書き

2007年　AD＝大寿美トモエ
限られた予算のなかで、中央に切り込みを入れたA3サイズの用紙を折り曲げて、綴じずにブックレットを作成。透け感のある封筒や、重要書類が入った封筒のようなパンフなどで、作品の雰囲気を演出

ボラット

2007年　AD＝潟見陽
この映画の見所はなんといっても強烈なインパクトを持った主人公。そのキャラクターをよりオーバーに表現するために、プレス用写真の顔部分だけをトリミングして拡大している

花よりもなほ
2006年　AD＝葛西薫　D＝引地摩里子
主人公のみならず、さまざまな立場の登場人物の誰しもが「決して立派ではなくとも、人としての魅力はある」ことを伝えるグラフィック。純粋に日本語を大切にしたタイポグラフィを心がけたという

呪怨2
2004年　AD＝大寿美トモエ
ホラー映画というテーマにふさわしく、試写状は香典袋を模してつくられた。大寿美は「少しふざけ過ぎたかな？」と語るが、素直に"イヤな気持ち"にさせてくれるストレートな表現手法

業界のニーズを読み取り、半歩先を行く

近年「シネコン」と呼ばれる複合型施設が興業の中心的存在となった映画業界。興業のみならず、製作業態の変化も、グラフィックの現場には多少なりの影響を与えているようだ。「テレビ局や出版社、製作委員会など、映画の製作・配給会社以外に出資しているところも多い。映画にかかわる各社の関係性をひもとき、どういう仕組みで映画がつくられているのかを理解する必要性が以前にくらべ高まった」と話すのはサイファの岡野登。興行形態の変化は、上映本数の激増へとつながり、グラフィックを担当するデザイナーは、数多くある作品のなかで埋もれてしまわないようにするには、各作品を明快に差別化し、どの部分を面白く際立たせるかを素早く決定する必要があるという。

「映画のグラフィックは年齢や性別など、狙ったターゲットにでも、想定外の層からリアクションが起これば、積極的に対応させることも珍しくない」というのも映画グラフィックの醍醐味と岡野は付け加える。

一方で、「最近の映画宣伝ツールは、過剰に凝ったデザインは減り、タイトルやキャストなど、伝えるべきものをきちんと伝えようとするデザイン傾向にあるように思う」と語るのは大寿美トモエ。映画グラフィックの役割は、作品の最大の魅力を引き出すと同時に、本筋には興味がなさそうな人にでもプラスアルファの情報を与え、劇場に足を運んでもらうこと。そのために、常に新しいことをやり続けないといけない。「個人的にはあまり興味がない作品こそ、『これはどうしたら面白く観てもらえるだろう?』とヤル気がでる」(大寿美)というのは、力強い答えだ。

映画作品では、権利関係から使える素材が厳しく限られていたり、デザインに関する合意を取り付ける"アプルーバル(承認)"作業が必要であり、それが創作のネックになるというのは当然のこと。しかし、映画作品同様に、20〜30年経っても、いいグラフィックは人々の記憶に残るのも魅力といえるだろう。

クライアントも、宣伝会社、配給会社だったり、監督やプロデューサー、製作委員会などさまざま。予算や制作期間も作品によってまるで違う。常に変化し続ける業界の中で固執することは命取りとなる。時代のニーズを読みながら、常に半歩先を読み続けることこそが求められる業界のようだ。

好きだ、
2005年　AD＝大和美幸
青春時代の風が吹いているような透明感と昔を思い出す切ない感じという二つのイメージを写真の彩度を調整し、表現。白色度の抑えやインキがある程度沈むように、封筒には〈ライトスタッフGA〉を使用

スパイダーマン3
2007年　AD＝岡野登
クモの模様を型抜した国内版のプレスタトウ。ハリウッド系映画は、海外の宣伝物をそのままリデザインすることが多いが、近年では日本の映画市場を重視する傾向があり、国内版を別につくる機会が増えたという

店の個性をひと目でイメージさせる
ショップツール

アクタスキッズストア　ショッピングバッグ
2006年　CD＝宮崎真　AD＝久住欣也
D＝前川朋徳、中平恵理、中岡舞　P＝横浪修
お手伝いをする子供の行動をモチーフとしたデザイン。リビングでの家族のつながりを表すとともに、子供の自主性も表現。〈晒クラフト〉にモノクロ印刷を施し、持ち手に赤色の布ヒモを付け、持ったときの感触にも気を配った

SHOP TOOLS

アクタスキッズストア　オープン告知DM・招待状
2006年　CD＝宮崎真　AD＝久住欣也
D＝前川朋徳、中平恵理、中岡舞
家族の集まるショップとしてデザインされたロゴをそのままオープン告知DMに。また、オープンにちなんで鍵をモチーフとした招待状も作成。どちらも、子供の頃に誰もが手にした画用紙のような質感の紙〈SSソフト〉に箔押して型抜加工を施した

興味を持つきっかけとなる大事なツール

　インテリアショップのアクタスが、アクタスキッズ自由が丘店をオープンさせたのは06年の12月。親子で使える家具や小物などの販売のほか、キッズライブラリーや土日限定のミルクバーなどを備えたこのショップは単なる「ショップ」の枠を超え、キッズカルチャーの発信地と形容したくなるような、求心力のある存在だ。

　以前からアクタスと仕事をしていたアートディレクターの久住欣也は、コンセプトを構築する段階からこの計画にかかわった。ショップツールや招待状を制作する際、「家族が自然と集まる場所」という"LOVE Living"のテーマに沿ったデザインを提案する方法で話が進んだという。

　これまでもショップにかかわるデザインを手がけてきた久住。その経験から常に招待状は「特別感のあるものを目指す」という。「招待状は、あけないで捨てられてしまったら意味がない。触感なども含め、人を引きつけるようなデザインを心がけます」。それは奇をてらったり極端に走るのとは違い、相手側に立って考える意味での"特別"。「封筒一つをとっても、あけるときの気持ちを考えてつくる」という久住は、今回も紙選びや色の使い方にも心を配った。「子供のお店だからといってかわいいだけじゃだめ。あえてカラフルな色を使わず、子供自身がそこに色を加えていくことをイメージしました」。

　受け手が特別な感情を持ち、行ってみたいと思わせる仕掛けが随所に感じられる、アクタスキッズのショップデザイン。そこには、かわいさの中にも頑固たる静けさが漂う。

取材・文／大輪俊江 (pp.106-107)、編集部 (pp.108-109)
撮影／山田薫 (pp.106-121)

ひさずみよしなり　■　1965年生まれ。ヒサズミデザイン代表。『LEON』『NIKITA』（共に主婦と生活社）など、エディトリアルデザインのほか、広告、CI、企画を手がけている

チェーカフェ
2006年　AD＋D＝福岡南央子
ベトナムのスイーツ「チェー」を紹介する期間限定カフェのグラフィック。ポップな感じを出しつつ女性らしい華やかさも表現するため、蓮の花をモチーフに。メニューやコースターなどの紙は風合いのよい〈ケナフGA〉を使用。すべてのツールに黄と赤の2色をうまく使って統一感を出した

東京カレーラボ
2007年〜　AD＝good design company
東京タワー内にあるカレーをテーマにしたレストランのアートディレクションをgood design companyが担当。ロゴ、サイン、食器やカトラリー、ショップツールなども手がけた。店舗コンセプトが「ラボ」という無機質なもののため、紙を使ったツールはぬくもりを感じさせる素材を選んだ

Briccola TRATTORIA
2007年〜
AD＋D＝松下計　D＝渡辺京子
3月にオープンしたイタリア料理店のグラフィック。ネーミングから携わり、ロゴを始めとする店内で使われるグラフィックツールをトータルでデザインした。カジュアルなレストランを手描きの味わいがあるロゴ使いで演出。ショップカードは空押で線状の凹凸をつけている

ROPÉ PICNIC PASSAGE
2007年〜
AD＋D＝菊地敦己　D＝ティルマン
ファッションブランド「ROPÉ PICNIC」の雑貨レーベルのショップツール。自分や身近な人にあげる、ちょっとしたギフトを買うようなお店ということで、ロゴはPASSAGE BIRD（渡り鳥）がバラの花を運ぶ姿がモチーフ。紙袋の側面には、アクセサリーがデザインされている

SHOP TOOLS

LuncH
2006年〜　CD＝宮田識　AD＝植原亮輔、渡邉良重
D＝渡辺由佳
女性のアンダーウエアショップ「LuncH」のグラフィックは、蜂の巣がテーマ。その構造や緻密さが、主要商品である肌着やTシャツとリンクしている。テーマカラーの黒と黄色は、合わせ方によって下品になりがちなため、微妙な濃度の淡い黄色を種類の違う紙に定着させることが難しかったという。DM（左上）は、印刷面が光る紙〈マリコート〉の特性を利用して、マットのインキで黒を刷った後、上から通常のインキで黄色を印刷し、黄色の部分にニスのようなツヤを出すという技を使った

RAGAZZO SBARAZZINO
2006年　AD＋D＝鷲見陽
P＝ワタナベカズヒロ
イタリア語で「わんぱく小僧」を意味するアクセサリーブランドのグラフィック。鷲見自身がディレクターデザイナーとしてかかわった商品が、ロゴにもなっている。紙袋とギフトボックスは〈リネンペーパー〉を使い、ロゴを箔押。紙袋の内側で持ち手の端が外に出ないようデザインされている

ABC Cooking Studio plus international
2007年〜
CD＝富田光浩　AD＝田中竜介　PR＝角末有沙
料理を通じて世界と日本の文化を学ぶ、料理教室のグラフィック。紙袋は〈晒クラフト〉に特色でオフセット印刷。特色は、和に寄りすぎないポップな色をチョイス。太陽と富士山、梅と桃の花といった日本の風景と、インターナショナルを表す緯線経線を組み合わせてデザインした

新商品の世界感を演出する
化粧品プレスキット

資生堂「マキアージュ」プレスキット
2006年　D＝志賀玲子
クリスマス時期限定アイテム発売の告知として、関係者に送られた。タイトルが空押しのみで書かれた真っ白なケースに、布張りされた表紙のポップアップ絵本が納められている。本の最後には新作アイテムが4点入る

110

ワクワク感は、使ってもらうための第一ステップ

　資生堂のメーキャップブランド「マキアージュ」は、年に約6回ある新製品のプレスへの告知を、発表会形式ではなくプレスキットを送る方法で行っている。DMの代わりに関係者へ直接届く特製のプレスキットは、製品の実物を入れ込んだ豪華なもの。数多くある化粧品の中で注目を集めるために、毎回工夫が凝らされている。

　例えば昨年のクリスマスに合わせてつくられたのは、大型のポップアップ絵本。白い表紙に金色で箔押された装丁の本を開くと、クリスマスツリーが飛び出してくる。さらにページをめくると、季節限定の化粧品が現れるという仕掛けだ。大人の女性へのクリスマスプレゼント、というシーンを意識してデザインされた。担当した同社デザイナーの志賀玲子は、マキアージュという「時代の流行」を反映するブランド性を意識しながらも、期待感を大切にしたいのだという。「プレスキットはまず製品を手に取ってもらい、良さを知ってもらうためのきっかけづくりでもあります。ぱっと見て、何が出てくるのだろうとワクワクする気持ちを呼び起こすことをいつも考えています」

　立ち上げ当初からかかわってきた同社デザイナーの村上佳美も、「次のシーズンには何がくるのか、期待させながら変わっていくブランドだからこそ、新しさを取り込むことが必要」だと話す。

　エンドユーザーの多様化や流行の移り変わりに対応するメガブランド「マキアージュ」にとってのプレスキットは、常に流行の先端をいく化粧品だと、その世界観を示す存在でもある。

取材・文／高橋美礼 (pp.110-111)、編集部 (pp.112-113)

むらかみよしみ ■ 2001年資生堂入社。宣伝制作部デザイン制作室デザイナー。これまでに「MAQuillAGE」「Shiseido The Makeup」「BENEFIQUE」などを担当する。
しがれいこ ■ 2003年資生堂入社。宣伝制作部デザイン制作室デザイナー。これまでに「Proudia」「MAQuillAGE」「Shiseido The Makeup」などを担当する

資生堂「マキアージュ」
招待状・プレスキット

2005年　D＝村上佳美

ブランド立ち上げ発表会のための招待状（左）と、発表会会場で配られたプレスキット（右）。六角形、黒とシルバーピンクのカラーは、立ち上げ当初から立てられていたブランドモチーフ。初登場したブランドのイメージを確実に伝えるために、このモチーフを中心にデザインしている

「ANNA SUI COSMETICS」
プレス発表会招待状

2006年
AD＝水井智子　D＝幡野優子

多くの化粧品ブランドが、新作発表をプレス発表会で行うため、発表会に関係者を招くための期待感をあおる招待状制作が求められる。アナスイ昨年のベースメイクアップの発表会では、新作ファンデーションのパッケージ（右）をモチーフにした招待状を制作した

「ANNA SUI COSMETICS」
プレス発表会招待状

2004年
AD＝水井智子　D＝幡野優子

バラをイメージした口紅「SUI ROUGE」（右）発表会の招待状。ファーをまとったゴージャスな女性のイメージで、ピンクのファーを表紙にした招待状を制作。ミシン目がついた開閉式のオリジナルボックスに入れてプレス関係者に発送した

「PAUL & JOE BEAUTE」
プレス発表会招待状

2004年　AD＋D＝松岡千絵

「Let's have a cup of tea!」と題した、レストランを貸し切ったティーパーティーのような新作化粧品プレス発表会への招待状。チップボールに〈GSケナフ〉を合紙して柄違いの丸いコースターをつくり、裏には発表会の告知を記した

PRESS KITS

資生堂「マジョリカ マジョルカ」プレスキット

2007年　AD＋D＝川原彩子

プレス発表会やテレビCMを行わず、豪華なプレスキットで新作告知をするマジョリカ マジョルカ。今年春には「Like a Doll」をテーマにしたキャンペーンで新商品を引き出しに納めたドールハウスを制作した

資生堂「マジョリカ マジョルカ」プレスキット

2007年　AD＋D＝川原彩子

今年夏の新作発表ではキャンペーンテーマ「人魚姫」に合わせて、貝のモチーフを箔押しにしたオリジナルの紙製ハンドバックに新作商品を一式詰めて、プレス関係者に発送した

資生堂「マキアージュ」プレスキット

2006年

D＝志賀玲子

夏のメーキャップシリーズのクールな色のイメージから制作。ピンクの文字でブランド名をあしらった保冷バッグの中には一点ずつ真空パックした新作化粧品が詰められている

資生堂「ZEN」発表会プレスキット

2007年　CD＝澁谷克彦　AD＝高橋歩
D＝三浦遊＋髙礒恵子

2007年秋、ヨーロッパで販売される香水ブランド「ZEN」。日本の伝統をアピールするため、オリジナルの掛け軸と商品を金色のケースに納めた。ケースは〈アルグラス〉と〈ハイピカ〉ゴールド、巻物ケースと屏風に見立てたしきりは〈オフメタルLP〉金を使用

企業の意思を大胆に表現する
会社案内

手紙のことを、
英語ではメールという。
でも、
なんか違う。

手紙を、書こう。

日本郵政グループ

日本郵政グループ　入社案内ポスター

封筒に使われる茶色いザラ紙をイメージして〈OK末晒クラフト〉をセレクト。コピーをちゃんと見てもらえるようにと色を抑え、代わりに大きく見せた文字の部分で目を引く仕掛けに。コピーライターが考えた文章案は、300本近くにのぼるという

2007年
AD＝紫牟田興輔　D＝D+I＝森茂知美
CD＝東秀紀、富田安則
C＝富田安則　PR＝永井美奈子

CORPORATE

封筒と便箋を
セットで買うと、
いつも便箋が足りなくなる。

平面から空間へと広がる物語を織り込む

　07年の3月、六本木ヒルズで行われた日本郵政株式グループの新卒者用会社説明会会場。その壁には文字の一部分だけをクローズアップしたポスターがあり、「1年後の自分に手紙を出そう」という印象的な言葉が綴られていた。初めての就職活動で緊張した学生は、そのポスターで少しほっとし、会場内に設けられたポストに自分宛ての手紙を投函して帰っていく。その様子を見ていた紫牟田興輔は「"手紙って何かいい"と思ってもらえたら成功です」と話す。
「オーダーを受けた時、既に"1年後の〜"というコンセプトはできていたんです。それがいいなと思い、手紙をイメージしてデザインしました」と話す紫牟田。手紙だからこそタイポグラフィに気を遣い、クローズアップする文字のディテールに意識を集中させたと言う。デザインについては「例えば自分が過去にもらった手紙などを思い返すとき、なぜか内容より文字のディテールがフラッシュバックしてくることがある。このポスターは、その体験をビジュアル化した感じ」と彼は説明する。そこに場面を想像させるような豊かなコピーが入ることで、見た人の頭の中に映画の1シーンのような物語性のある場面が湧き出すのだ。
　会社説明会用にもかかわらず、求人ポスターが醸し出すトーンはこの作品にない。しかし"ここで働いてみたい"という気持ちを引き出す何かがあるのは、ポスターという平面から、空間へと広がる世界観を表現しているからに違いない。
取材・文／大輪俊江

日本郵政グループ

しむたこうすけ　1975年福岡県生まれ。2000年多摩美術大学卒業後、イーに入社。08年に独立。メッセージデザインセンター主宰

ユニクロ　未完成入社案内
2007年　CD＋C＝名雪祐平
AD＝永田武史　D＝坂本尚美
店長クラスの求人には、強い意志を示してもらうようにと、赤ペンでセルフチェックするブックレットを採用。FMスクリーンによる印刷でイラストを細部まで表現

三菱UFJ信託銀行　入社案内
2007年
CD＝松原秀宜　AD＝小林洋介
D＝坂本尚美、森茂和美
固いイメージが定着している銀行マンだが、本来は限りなく"格好良い"仕事であることをアピールするために、強いタイポグラフィとエッジの利いた写真を用いている

兼房　会社案内
2007年　AD＝平井秀和
鍛冶屋からスタートし、工業用刃物のトップブランドとなった企業を体現するために「サムライ」「手裏剣」をモチーフにグラフィックを展開。回転させたときに紙が擦れ合ってしまうため、表裏ともにニス引きして、印刷面を保護している

CORPORATE

取材・文／編集部

レッドバロン　会社案内
2007年　AD＝平井秀和
軽トラックがアイコンの封筒から出てくるのは、バイクの形に型抜きされたジャバラ式の冊子。バイク好きがワクワクするようなデザインだ。有効な紙取りをするために、中心で貼り合わせたり、折りをシャープにするため、ミシン目をつけるなど、繊細な作業を行っている

日本郵政グループ　求人広告
2007年　AD＝高井薫　D＝島田陽介
郵便局などで配布された求人ツール。手紙のシズル感を出すために、ブックレットを封筒型に。中ページにも便せんのような薄い紙を入れるなどの工夫をしている

富士さくら保育園　封筒、名刺
2006年　AD＝柿木原政広
人の手がかかっている雰囲気を出すため、大塚いちおのイラストを軸に、封筒の口のデザインにも工夫。さくらの花びらでつくった四つ葉のクローバーがワンポイントで効いている

Y-CUBE　会社案内＆社員向けツール
2007年
CD＝伊藤英紀、富永寛子
AD＝永田武史、太田雄介
D＝宮川宏、羽根千尋
企業トップの力強いメッセージを表現するために書籍のような会社案内『会社の惑星』と「型にはまらない」社員育成のために、罫線がランダムになったメモ帳『ノート人間』

ファンの心をくすぐる仕掛け
ノベルティグッズ

au関東「au monthly otanoshimi file IFIF」
2001年〜　AD=日髙英輝　D=竹林一茂
2006年度（上）はイラストレーター伊藤桂司のコラージュを主役にして冊子とファイルを制作し、1年間集めることで一枚の絵が完成する仕掛けをつくった。2007年度（下）は写真家TAKAの作品をぜいたくに用いた、一枚のポスターのようなシリーズ

NOVELTY GOODS

コレクターを掴む「オマケ」が武器

　販促目的で無料配布するツールのひとつにノベルティグッズがある。既製品への簡単な名入れからオリジナル品まで制作方法も幅広く、キャンペーンなどで採用されることが多い。

　携帯電話のauが関東を中心に1都8県を対象に毎月店頭で配布している「IFIF」は、A4クリアファイルのノベルティグッズ。中には各種情報と共にコラムや読者からの投稿ページ、カレンダーなどで構成された冊子と、クラフト紙製の袋入り「オマケ」が入っている。情報伝達としての役目を終えた後も、ファイルやオマケを使うことで二次的なコミュニケーションと通信へのアクセスを促すものだ。KDDIが発足した2001年から広告と店頭ツール類を手がけていたグリッツデザインの日髙英輝が、「もっと楽しく、捨てられないフォーマットを」と提案したのがこのスタイルだった。

　毎年4月を機にメインビジュアルのテーマを変え、中身にも工夫が凝らされてきた。03年からはカレンダーが入るようになり、05年からはオマケが袋入りになった。「開ける喜びがあると、同じものでも伝わり方が違うと思うんですよ。アナログに反応する部分を残しておきたくて、封筒やメモ、小さなゲームなど個人で完結せず、人とのつながりが生まれるコミュニケーションツールをオマケにしています。物理的な制約もあるし訴求する課題も毎月違うから、広告をつくる心構えと同じです」と日髙。今ではコレクターも増え、入手しづらいとの声も聞く。評判を得たノベルティは、より多くの人を店に向かわせる力を持つようになるようだ。

取材・文／髙橋美礼（pp.118-119）、編集部（pp.120-121）

ひだかえいき ■ 1962年宮崎県生まれ。ドラフトを経て、グリッツデザイン設立。最近の仕事にレクサス「LS600hL」、TAKATA、ユニバーサルレコード「GReeeeN」アートディレクションなどがある。www.gritz.co.jp

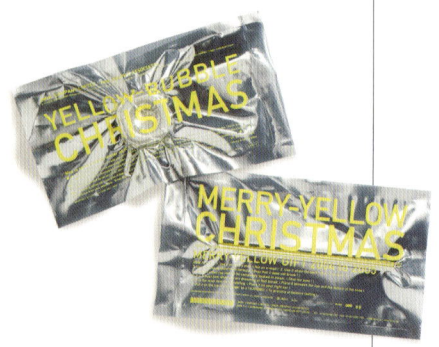

b6 オープニンググッズ
CD＋AD＝松下計　D＝田辺智子＋渡辺京子
神宮前のファッションビル「b6」のオープンに合わせて制作されたノベルティグッズ。交差点近くというビルの場所を表したロゴマークを表紙にあしらったフリーペーパーや、コースターなどが付近のショップやカフェで配布された。イラストレーターのアートワークやショップ情報などが盛り込まれたフリーペーパーは特に人気を集め、オープンまでの半年間で「b6」の名前を広める役割を果たした

スリーミン・グラフィック・アソシエイツ シーズングリーティング
2005、2006年　AD＋D＝高橋伸幸
デザイン事務所スリーミン・グラフィック・アソシエイツが毎年クリスマス時期に送るあいさつ状。入浴剤やオリジナルペンなどのグッズが、銀色の封筒に真空パックされ、パックには季節のあいさつとグッズの使い方が英字であしらわれている

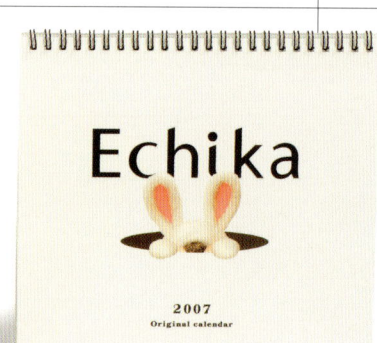

Echika表参道 アニバーサリーイベント
2006年　AD＝深海康弘
キャラクター製作＝大塚勝俊（Toy Field）
Echika表参道開業1周年記念プレゼント。グッズ販売を求める声が多く寄せられていたというオリジナルキャラクター「Echikaちゃん」を用いて、絵本、カレンダー、メモ帳、シールが製作され、イベント期間中抽選でプレゼントされた

NOVELTY GOODS

120

TSUTAYA online リニューアルグッズ

2005年　AD=大溝 裕　D=赤松幸子
TSUTAYA onlineのCIリニューアルに伴い、社内ツールやノベルティグッズまで一連のデザインをグランツが担当。新たなCIでのキーカラーとなっているオレンジと水色を使って、社外へのPR用に折りたたみ式のバッグを制作した

「デジタルアートフェスティバル東京2006」オリジナルグッズ

2006年　AD=杉山ユキ
アートイベントのオリジナルグッズ。スタッフユニホームとしてマフラーとピンバッジを制作し、会場で販売もされた。ビックリ箱をイメージしたというキューブのモチーフはポスターや会場構成などにも利用され、イベント会場を演出した

ONWARD 自由区 2007年カレンダー

AD=鷲見 陽　D=内藤麻美子
ファッションブランドの顧客向けに配られているカレンダー。大人の女性のブランドらしい品のよい上質感がデザインされている。銀色のケースの上部には日付が、小窓からは箔押を施したイラストと月が見える仕組み

チーム・マイナス6%「包み方ふろしき」

2006年　AD=杉山ユキ
環境省が推進する「チーム・マイナス6%」PRの一環として、トリノオリンピックの選手村で配布された風呂敷。風呂敷を初めて見る海外の選手にも環境に優しい便利な道具であることを分かってもらうために、欧文とイラストで風呂敷のさまざまな使い方を描き、それが全面にデザインされている

村田 東治
Tohji Murata

コム デ ギャルソンの招待状をつくった男

―

「COMME des GARÇONS」の誕生から30余年。
時代に翻弄されないブランドを象徴するロゴをはじめ，
80年代半ばまでのグラフィック全般を手がけたのが，
デザイナー，村田東治だ。
その人物像とクリエイションを追う。

コレクション招待状の数々。常に新しい紙や印刷手法にトライしたという村田。日本ではなかなか手に入らない粗悪な紙や合成紙などにもいち早く注目していたという

村田東治のことを知る人は、今ではほんの一握りの、それも年輩のファッション業界の人だけになってしまった。1942年東京の下町に生まれ、86年に44歳という若さで逝った村田は、優れた作品を多数遺している。その実績に比べ、知名度が著しく低いのは、作品が急速に風化したからでは決してなく、単に彼が広告などを手がけなかったこと、またアワードなどに応募しなかったからではないかといわれている。

デザイナー、アートディレクターとして活躍した村田の実力が開花し、それが世に知られるようになったのは、ブランド創立以来、そのさまざまな印刷物を手がけたコム デ ギャルソンの仕事である。川久保玲は村田と同じ年で、69年にコム デ ギャルソンの名で婦人服の製造・販売をスタートさせた。同時期、村田もスタジオ「ストロベリーフィールズ」（以下ストロベリー）を設立。二人の出会いについてはすでに交流があったという。このころにはすでに交流があったという。コム デ ギャルソンは73年に法人化され、初のコレクションを75年に開催。その後の驚異的な躍進はよく知られるところだ。

■ 一対一のクリエイティブ勝負

そして75年、コム デ ギャルソンは青山（フロムファーストビル）に初めてフラッグシップショップをオープンするが、このときインテリアを担当したのが、村田の桑沢デザイン研

ワールドの老舗ブランド「Sutseso（スチェッソ）」のカタログ（86年）。紙の風合いと写真のトーンのバランスが素晴らしい。カメラマンはニューヨーク在住の渡邊奈々

日本メイクアップ協会が発行していた季刊誌「VISAGE（ヴィザージュ）」（79年）。表紙イラストは、村田の親友でもあったペーター佐藤。「微妙な色の階調を表現するのが大変だった」と印刷を担当した小谷は語る

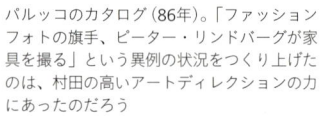

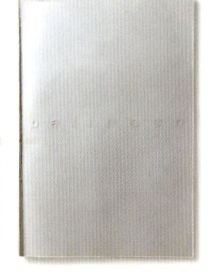

パルッコのカタログ（86年）。「ファッションフォトの旗手、ピーター・リンドバーグが家具を撮る」という異例の状況をつくり上げたのは、村田の高いアートディレクションの力にあったのだろう

究所時代の同期であり、インテリアデザイナーの河崎隆雄だった。河崎はちょうどその頃、独立を考えており、しばらくして村田の事務所にデスクを置き、ストロベリーの名刺をもつようになる。ただし、ストロベリーはあくまで事務所名であって、組織に入ったという感覚はなかったという。実際クライアントが同じというケースはあっても、河崎は常に個人で仕事を受け続けた。

一方、仕事のスタイルについては、二人ともクリエイターとしての個人の力量が即座に問われる方法を採った。コム デ ギャルソンを例にとると、空間系の案件の打ち合わせは川久保と河崎が、またグラフィックのプロジェクトに対応するという感覚は全くなく、いわばクリエイター同士の対決のようなものだったという。いずれにしても二人が事務所を会社組織として大きくしようという考えは、全くなかった。実際、5年間村田に師事し、アシスタントとしての在籍期間が最も長かったアートディレクター・ナガクラトモヒコ(現サン・アド取締役)によると、スタッフの入れ替わりは激しかったと思うか、モノにならないと感じたら、さっさと辞めさせた。

カメラマンからの絶大なる支持

目の当たりにした河崎、ナガクラが口をそろえて述懐するのが、カメラマンからの信頼が絶大であったということ。村田は、カメラマンに写真をどのような意図をもって、どう使用したいかを的確に伝えることができた。また、カメラマンの仕事を深く理解し、自分の表現したいデザインに絶妙にアジャストしていく。カメラマンは、写真が理想的な形で使われるから、安心して作品を託すことができる。村田と仕事をしたカメラマンは、たとえば和泉繁、細谷秀樹、斉藤亢、沢渡朔、操上和美、久留幸子、藤井英男、吉田大朋、小暮徹など、60年代以降の日本を代表するファッションカメラマンばかり。その信頼は海外にまで及び、サラ・ムーン、デボラ・ターヴィル、ピーター・リンドバーグ、ブルース・ウェーバー、アーサー・エルゴートなど、錚々たるカメラマンがコラボレーションリストに名を連ねる。

村田の最晩年の作品、イタリアの家具ブランド、パルッコ社のカタログ(52頁下)は、村田のこうした写真に対する強い思い入れを象徴する作品となった。これは、村田のコム デ ギャルソンでの仕事に惚れ込んだオーナー兼デザイナーであるパオロ・パルッコのたっての希望で実現した、まるで写真集のような異色の家具カタログ。村田はパルッコの要望を一通り聞くと、ピーター・リンドバーグの起用を提案。ところが当初、周囲は皆その可能性に懐疑的だ

ったが、リンドバーグはファッション以外の仕事を引き受けないといわれていたからだ。それが実現したのは、リンドバーグの村田に対する信頼の証左だろう。

繊細かつ大胆なデザインワーク

村田の仕事を評して河崎は「素人受けじゃなく、玄人受けするような、ところに絶妙にアジャストしていく。カメラマンは、写真が理想的な形で使われるから、安心して作品を託すことができる。ディテールに徹底的にこだわる一方で、大胆不敵。タイポグラフィや文字組に繊細な職人気質を見せながら、余白を大胆に活かす技、それが村田デザインの醍醐味だ。そのこだわりは「デザインにとどまらず、印刷技術や紙にまで及ぶ。ストロベリーは、設立から村田の死による解散まで、二度引っ越しをしているが、その所在地は常に港区三田→赤坂→青山)。にもかかわらず、どういうわけか村田は、中央区新富町の写植屋に写植を頼んでいた。そこで担当となった小谷外茂雄(ティーシーエス印刷)によると、書体の品ぞろえが充実していたからではないかという。小谷の会社はその後、村田がコム デ ギャルソンの仕事をするようになり、印刷まで依頼してきたことで、写植屋から印刷部門を独立、分社させる。

「うちは川久保さんと村田さんに育てられたようなものです」という小谷は、二人の、時に不可能とも思える高度な要求に、最初はたじろいだ

りもしたが、どれも決して根拠のない無理難題ではなかったという。その中でも印象に強いのは、村田が「スミ一色で強い黒を出したい」と、リチャード・アベドンの写真集を持ち出してきたこと。試行錯誤の結果、紙は染められないものかと、湯島の染物屋に紙(それもトレーシングペーパー)を染めてもらったこともあると小谷は付け加えた。

河崎はかつて、村田が一番やってみたい仕事として「辞書」を挙げたことを今でもよく覚えているという。一見地味だが、確かに究極のグラフィック+エディトリアルデザインだ。繊細かつ大胆なデザインを標榜した、村田ならではの発想だろう。

むらたとうじ
1942年東京都生まれ。ヴィジュアルデザイン研究所、桑沢デザイン研究所を経て、65年デルタモンドデザイン入社。66年より髙島屋ストア嘱託。70年にデザインスタジオ「ストロベリーフィールズ」を設立する。コシノジュンコ、セッズヘア、ニコルなど多くのファッション系グラフィックを手がけた。86年に急逝。享年44歳

取材・文/倉西幹雄
協力/村田錬、阿部慎太郎、コム デ ギャルソン

取材・文／大輪俊江
撮影／村上圭一

活版印刷でDMや招待状をつくれる
PAPIER LABO. がオープン

2007年6月にオープンした東京・千駄ケ谷の「PAPIER LABO.（パピエ・ラボ）」は、活版印刷に興味のある人と印刷所を結ぶショップ。DMや招待状、名刺などの注文はもちろん、デザインの提案、活版についての質問にも応対してくれる。オフセット印刷にはないような、手のぬくもりを感じる印刷にしたいと思うのなら、ここに相談してみてはいかがだろう。

机上タイプの活版印刷機。頼めば、ショップ内でデモンストレーションを見せてもらえることも

武井実子が制作している、SAB LETTERPRESSのポストカード。動物と紋章のバランスが秀逸

亜鉛凸版をつくれば写真も印刷できる。向かって右が版、左がそれを紙に刷ったカード

活版の版は、活字を一字一字拾い、組んでいく

左から、デザイナー 江藤公昭（元ランドスケープ プロダクツ）、カード作家 武井実子（SAB LETTERPRESS）、グラフィックデザイナー 高田唯（ALL RIGHT GRAPHICS）。3名が立ち上げたのが、活版印刷の注文や質問も受け付ける窓口となるショップ「PAPIER LABO.」。原則200枚から注文でき、受けた注文は外注で印刷する。またオリジナルの便せんや封筒、ステーショナリーといった、紙と紙にまつわるプロダクトの販売も行っている

　店内に並べられたカードの一葉を手に取って触ってみると、指先に微かに感じられる凹凸の感覚。そう、それらは活版印刷という、今は珍しくなった印刷方法でつくられた商品なのだ。同じように見えるカードの印刷がよく見ると異なるのも、1枚1枚丁寧につくられた結果。そうした手作業でしか醸し出せない風合いに惹かれて、ここ「PAPIER LABO.」にはさまざまな人が商品を買い求めたり活版の相談をしていくそうで、「オープン早々に名刺をはじめとした印刷物のオーダーが入り、手応えを感じました」と主宰者のひとりである武井実子は回想する。

　ここがオープンするきっかけとなったのは、07年の5月に行われた「活版再生」展だ。廃業した印刷会社から譲り受けた活版印刷機を使って、さまざまなクリエイターが作品を制作。そこにデザイナーの江藤公昭とグラフィックデザイナーの高田唯、武井も名を連ねていた。「活版再生展に参加したことで活版から広がる世界を感じたんです。だから展覧会だけで終わらせずに実際に"再生"しようと、場所を立ち上げることにしました」と話す江藤。彼が勤める家具メーカー「ランドスケープ プロダクツ」がもともと持っていた物件を「活版のお店にしたい」と申し出たところ、会社から快諾され、実現に至ったそう。「展覧会終了からお店のオープンまでは1カ月弱しかなかったんですが、1年ほど前から構想は温めてきた。成るべくしてこう成ったという感じです」と武井。得意分野の異なる3人が集まったことで役割分担もでき、多くの協力者のおかげもあって事の運びはスムーズだったと3人は口をそろえる。

　販売されているカードは、武井のオリジナル（前頁）。以前に友人からもらったカードの印刷の質感に惚れた彼女は、それが活版で印刷されていることを知って以来、その魅力にどっぷりはまってしまい、会社を辞めて「SAB LETTERPRESS」を立ち上げ、自分でつくるまでに至る。武井のカードはこのショップ以外でも扱われているが、ここだけの限定品もあるというから要チェックだ。

　活版再生展をきっかけに「オールライト工房」を立ち上げた高田は、「PAPIER LABO.」を窓口に活版印刷の受注も行っている。"工房"と名がついているものの、現段階では実際の意味での工房は存在しない。だが今後は場所を構え、印刷所を開業する予定。実現に向けた具体的な動きも出てきており、「そうなれば印刷を請け負うだけじゃなく、ワークショップなどもするつもりです。それを通じてより多くの人に活版の魅力に気付いてほしい」と高田はいう。

　「思った以上にいろいろな人に伝わっている感じがする」と、反響の大きさを実感する3人。「ビジネスとして大きく発展しなくても、大切にしていきたいものを残す意義は大きいはず。そこの部分を忘れずに続けたい」という江藤の言葉に、「PAPIER LABO.」の本質が見えた気がした。

PAPIER LABO.（パピエ・ラボ）
12:00〜19:00　月・火休
東京都渋谷区千駄ケ谷3-52-5 #104
TEL.03-5411-1696
www.papierlabo.com

招待状におすすめの 特殊印刷加工ガイド

一度もらったら忘れられないようなインパクトのある印刷加工とコストの目安を一挙紹介。

文／編集部（pp.128-135）

技術編

印刷

UVシルク印刷

UVインキをスクリーン印刷し、紫外線（UV）を照射して硬化させ、印刷面に光沢を出して盛り上げる印刷。ポスターや装丁のタイトルだけが光って盛り上がるような例はほとんどがこの印刷だ。インキの盛り上げは通常で30～50ミクロン、最大で100ミクロンくらいまで可能。吸水性のよい用紙だと、インキが染み込んでしまい、厚盛りにならないので注意。マットPPを引いてからUV盛り上げをすると、マットとグロスの差が出て効果的。

連絡先＝LUXE　東京都港区北青山3-12-7-1005
www.luxetokyo.jp

UVニス

印刷後、UVを照射して光沢を出すのは左の「UVシルク印刷」と同じだが、こちらはスクリーン印刷ではなくニス加工なので、オフセット印刷と同じ印刷機のラインで完結できるのが利点。UVシルク印刷のようにボコッと飛び出さず、表面は平滑。盛り上げは不要で光沢だけ欲しいような場合にはこちらの加工が使える。最近では、グロスとマットのほか、梨地のような細かいエンボスも可能になった。

連絡先＝欧文印刷　東京都文京区本郷1-17-2
TEL.03-3817-5953　www.obun.jp

ステレオ印刷

見る角度によってレンズが違う絵柄を投影するため、絵柄が動いたり、立体に見える加工。ステレオ印刷用に特殊製版して印刷をした絵柄の上に、半円状の透明レンズが平行に連なった板（レンチキュラーレンズ）を貼り合わせる。レンズの厚みやピッチ（1本あたりの凸レンズの間隔）の選択によって、絵柄の動き具合を調節できる。以前はグラビア印刷で大量生産されていたが、現在ではインクジェットプリントによる少量生産も可能になった。

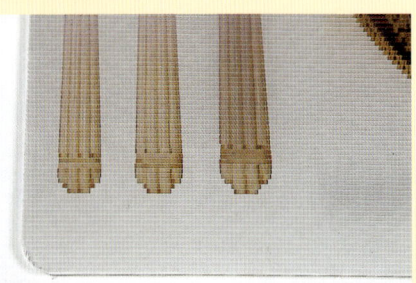

連絡先＝チャンピオン企画　東京都千代田区神田和泉町1-1-15
TEL.03-3863-5670

LCホログラム

ラメ調にしたい部分にフレキソ印刷で樹脂をのせ（下写真の場合は口紅の部分）、上からラメ調のフィルムを重ねて、樹脂のついている部分に模様を転写する加工。従来は、ラメやホログラム模様のPPやトランスタバックなどのフィルムを紙に熱圧着していたため、部分的にかけることができなかったが、フレキソ版を使うこの方法によって可能になった。フィルムにはいろいろな種類があるので、使い分けることで幅広い表現ができる。

連絡先＝LUXE（上記参照）

❗ 印刷のポイント

この見開きで紹介しているのは、ほとんどがスクリーン印刷（シルクスクリーン）によるもの。スクリーン印刷は、マスキングをしたスクリーン（布目）の上にインキをのせて刷るため、インキを盛り上げる、ざらざらさせるなど、オフセット印刷よりもインパクトのある表面加工ができる。どのスクリーン印刷でも印刷自体の仕組みはほとんど同じ。使うインキの種類や版のつくり方を変えることで、さまざまな印刷が可能になる。オフセット印刷にくらべ、版代、手間がかかるため、総じて印刷代は高い

発泡印刷

ラバーのような柔らかな感触でモコッと盛り上がるスクリーン印刷。水性インキの中に発泡剤を混ぜて印刷後、遠赤外線ヒーターで120〜180度の熱を加えてふくらませる。温度調節と発泡剤含有量の増減で、ふくらみ具合や柔らかさを調節可能。加熱温度を高くするか、発泡剤の配合率を多くすれば大きくふくらむが、発泡剤の率は40％程度が限界。白い発泡インキにラメを混ぜてふくらませると、雪のような質感が再現できる。

連絡先＝東洋FPP　埼玉県川口市江戸3-23-3
TEL.048-284-8593　www.toyofpp.co.jp

フロッキー

加工面にスクリーン印刷で接着剤を塗り、静電処理で毛を立たせて付着させる加工。毛の材料は、ナイロン、レーヨン、ポリエステルなどがあり、太さは25〜50デニール、長さは0.3〜7mmくらいまでそろっている。長い毛を使うとふさふさに、短い毛だとベルベット調の仕上がりになる。既製の毛の色は100種類程度。使用量によっては新規で染めることも可能。機械の中で植毛するため、毛の生え具合は一定で、加減ができない。

連絡先＝東洋FPP（左記参照）

ちぢみ印刷

ちりめんのように表面が縮んだ印刷。専用インキをスクリーン印刷した後、ちぢみ装置が付いたUV照射機に入れてインキを縮ませて硬化させる。ちぢみの絵柄の大きさは、インキの盛り方、UV照射時間、版のメッシュの粗さによって調整可能。ちぢみを大きくするには、インキを厚く盛り、照射時間を長くする。〈アルグラス〉など、メタリックな光沢紙に刷ると効果的。ポリ、塩ビ、PETなどのプラスチック系板素材にも対応可。

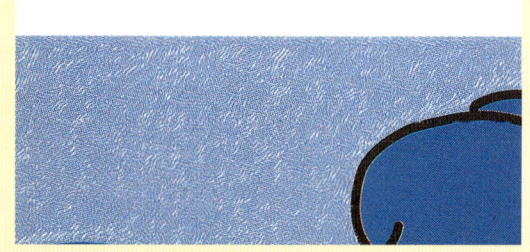

連絡先＝東洋FPP（上記参照）

リオトーン印刷

紙ヤスリのようなザラザラした質感を再現できるスクリーン印刷。リオトーンインキという専用インキで印刷した後、UVを照射してインキを硬化させる。インキの粒子や版のメッシュが粗いので、細い線や細かい絵柄には不向き。インキ自体は乾くと半透明になるので、白紙に刷ってもほとんど見えない。メタリックな光沢紙に刷れば、インキの質感との差が出せるのでおすすめ。金属や塩ビなど、紙以外の素材にも印刷できる。

連絡先＝東洋FPP（上記参照）

箔押

箔押

紙の上に箔をのせ、金属版で熱を加えながら加圧することで、金版の凸の部分だけ箔が押される。箔をのせず同じ版で空押するとエンボスになり、凹版を使用すると浮上になる。箔の種類には、金銀などのメタリックホイル、ホログラムホイル、顔料が付いている色箔（ピグメントホイル）がある。箔がつきやすいのは、コート紙などの平滑な紙。ファンシーペーパーは、素材によって多少苦労をすることもあるが、箔押はできる。

連絡先＝ディフラ　東京都板橋区大山金町35-9 3F
TEL.03-5986-0810

ディフラ

見る角度によって光沢が変化する特殊箔押＋印刷。箔押をする際、金版の表面に細かなライン状の溝を付け、箔押後に印刷をすると、溝の凹凸に光が反射し、色が変化して見える。ステレオ印刷（p.56）の溝は直線状で並行に並んでいるが、ディフラは金版を押して箔の上に溝をつくるため、溝の向きを自由に変えられる。さらに溝の形状は直線だけでなく曲線にもできるので、光沢が複雑に変化する。箔押後に印刷をせず、箔押のみでも良い効果が得られる。

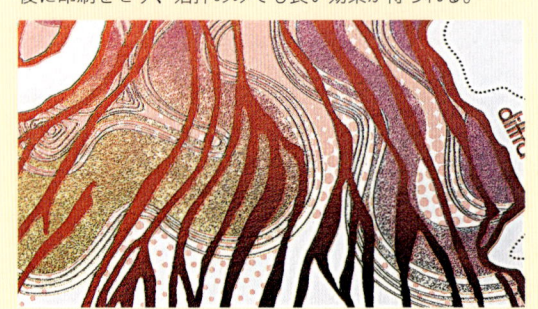

連絡先＝ディフラ（左記参照）

ステレオ箔

エンボスのような立体的盛り上がりのある箔押加工。特殊な糊をスクリーン印刷で厚く盛った上に箔をかぶせて転写することで、ボコッと盛り上がった箔押ができ上がる。型押しているわけではないので、型が要らず、紙の裏面にへこみが出ないのが利点。紙の裏がへこむと支障がある雑誌広告やカードなどに向いている。ただし、転写して箔を定着させているため、従来の箔押にくらべるとエッジが少し甘くなることを覚えておきたい。

連絡先＝中央プロセス印刷工芸社　東京都荒川区西尾久7-21-1
TEL.03-3800-0777

インラインホイル印刷

型を使わずに、オフセット印刷の要領でできる箔押。糊を印刷した後、箔を転写する。インキのような感覚で箔が使えるので、写真のような階調表現も可能。箔を載せた後、同じ印刷機でオフセットUV印刷ができるため、箔の上から多色刷りして色違いのメタリック箔にしたり、箔を50％のアミ点で刷って下から写真が透けて見えるようにしたり（写真）、従来の箔押ではできなかった加工が可能になった。

連絡先＝中央印刷　東京都豊島区西池袋5-26-19
TEL.03-3973-0201　www.chuo-print.com

加工のポイント

一口に箔押といっても、印刷でできるものから加工ものまで、右頁のように何種類もの方法があるので、デザインや用途に合わせてよく吟味したい。複数の印刷と加工技術を組み合わせたり、機械ではできない手作業を入れたりすることで、より複雑で多彩な加工ができるようになる。また、「インラインホイル印刷」などのように、機械の導入によって新しくできるようになった加工もあるので、こまめに最新情報をチェックしておきたい。

加工

エンボス

紙を半立体的に盛り上げる加工。凹状の金版の上に紙をのせ、版をプレスすると紙がレリーフ状に盛り上がる。凸版でプレスすれば、逆にへこんだ状態になる。箔をのせてプレスすれば箔押になるため、同じ版でエンボスと箔押が可能。例えば、招待状の封筒にはエンボスを、中のカードには紙を変えて同じ版で箔押をするような使い方もできる。ビニールや塩ビなどにエンボスをしたいときは、高周波をかけて凹凸をつけるウェルダー箔押を使う。

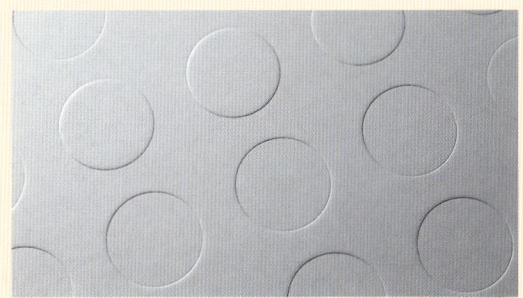

連絡先＝一九堂印刷所　東京都中央区築地1-9-5
TEL.03-3542-0191　www.ichikudo.com

型抜

指定した形に紙を切り抜く加工。一般的な型抜では、板に金属刃を埋め込んだ抜型を自動平盤打抜機にセットして型抜する。刃を替えれば、ミシン目やエンボスも可能。シールなど薄い紙の細かい型抜では、土台、刃とも金属製の腐食版を円筒形の胴に巻き付けて回転させながら抜く。トランプやラベルなど、多い枚数を抜くには、クッキーの抜型のような金属型で一気に抜くというように、デザインや使用用途によって型や抜き方が異なる。

連絡先＝一九堂印刷所（左記参照）

飛び出す加工

ポップアップブックのように、開くと中から紙が立体的に飛び出してくるような加工。印刷後、型抜、折り加工を行い、パーツ同士を貼り合わせる。手作業が必要なため、大量生産には向かないが、大切な取引先に少数配れば効果は大きい。写真は、パッケージの印刷加工で知られる一九堂印刷所が制作した2007年度のカレンダー。本を開くと、黒い枠と月の数字が飛び出すように組み立てられている（デザイン＝細山田デザイン事務所）。

連絡先＝一九堂印刷所（上記参照）

レーザーカッティング

レーザーで紙を焼き切る型抜方法。金属板をレーザーカットしてステンシルのような抜型をつくり、その下に紙をひいて上からレーザーを高速で走らせ、紙の部分だけを焼き切る。一般的な型抜よりも細かい1mm以下の線などもあけられる。紙を重ねて抜こうとすると、熱がこもり下の紙に焼き色がつくため1枚ずつ加工する。コート紙などの塗工成分が熱で溶け出すと、きれいにカットできないため、なるべく非塗工紙を選んだほうが無難。

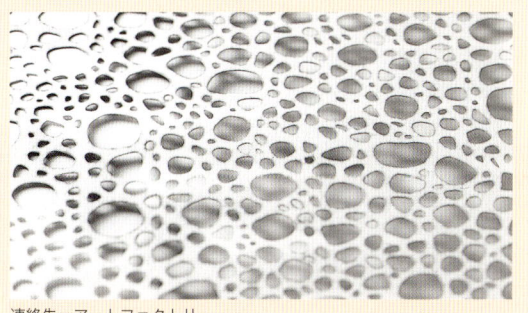

連絡先＝アートファクトリー
東京都港区東麻布3-4-18　ルート東麻布ビル3F　TEL.03-5545-6336

注意：この見開きに記載した金額は、各500部ずつ製作した場合の目安です。実際のデザインや印刷仕様、印刷所によってコストは上下しますので、ご了承ください

その印刷加工，いくらかかる？

使ってみたいけれど、コストが気になる特殊印刷加工。ここでは、さまざまな招待状のデザインを想定し、予算の目安を紹介する。

取材協力／文唱堂印刷（pp.132-134）

コスト編

ポストカード［100×150mm］を500枚、印刷

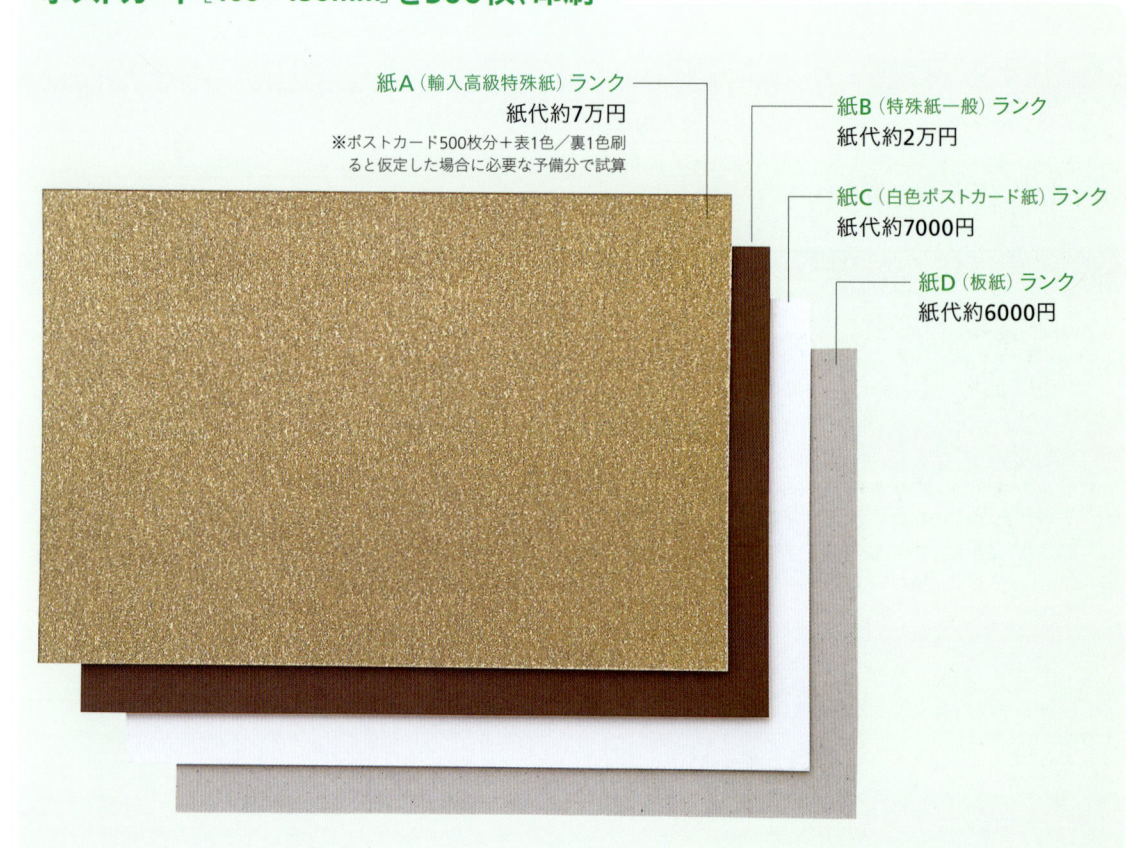

紙A（輸入高級特殊紙）ランク
紙代約7万円
※ポストカード500枚分＋表1色／裏1色刷ると仮定した場合に必要な予備分で試算

紙B（特殊紙一般）ランク
紙代約2万円

紙C（白色ポストカード紙）ランク
紙代約7000円

紙D（板紙）ランク
紙代約6000円

基本印刷料金（紙代含まず）
- オフセット印刷 表4色／裏4色　　約12万円
- 4色／2色（スミ＋特色）　　約9万円
- 特色2色／1色（スミ）　　約5万円
- オペーク白／白　　約3万円

※分解なし完全データ入稿、本紙校正刷り1回、紙代は含まず、一般的な白色ポストカード紙にオフセット印刷した場合

追加加工料金（紙代含まず）
- 表面のみにニス（5色機で刷れるもの）を加えると…　＋約7000円
- UVシルク（透明盛り上げ加工）を加えると…　＋約9万円
- 箔押を加えると…　＋約3万円
- 型抜（自動平盤打抜機）を加えると…　＋約4万円

※左の基本印刷の上に追加で加工をした場合

シールに印刷・型抜 (500枚。以下同)
約12万円

ポストカードくらいの大きさの紙製シールに絵柄を4色で印刷し、絵柄に合わせて型抜したもの。裏の台紙（白）にはDMの文面をスミ1色で印刷したと想定。シールの台紙はクリーム色や水色タイプのほうが少し安い。

板紙に印刷・型抜
約29万円

グレー系の板紙に表裏各2色でスクリーン印刷（シルクスクリーン）をして、六角形に型抜した場合のコスト。紙代、抜き代はそれほどでもないが、スクリーン印刷の版代だけで10万円を越えてしまい、予想外に高い金額に。

二つ折りカード＋洋封筒
約23万円

一般的なポストカード用紙に4色／1色で印刷後、ヨコに二つ折りして、トレーシングペーパーでつくった洋封筒に入れた招待状。トレーシングペーパーの紙代が5万円近くかかり、かなり割高になってしまった。

透明封筒に手ぬぐいを同封
約5万円

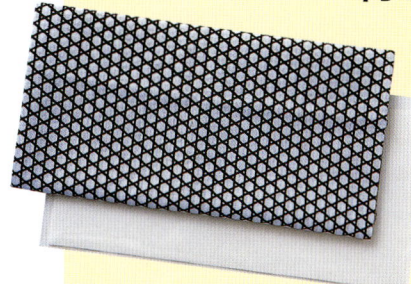

既製品のビニール製透明封筒の中に、スミ1色で印刷した薄紙1枚と、ノベルティの手ぬぐいを封入。手ぬぐいと透明袋はあらかじめ用意したものを印刷所に渡す。袋詰め作業代は500部で12000円程度。意外と安く済む。

中綴じのブックレット
約26万円

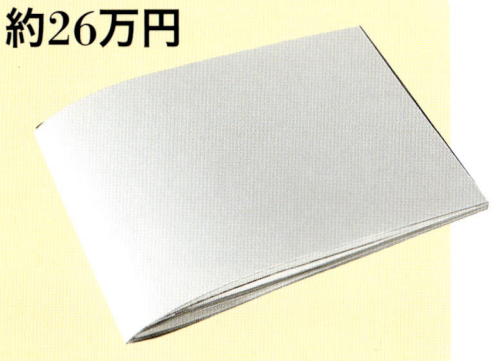

タテ105×ヨコ150mm・ホチキス綴じ、オールカラーの小型パンフレット。マット系微塗工紙にCTPで印刷。冊子のサイズが小さいと、中綴じの機械に入らないことがあるため、大きいサイズより高くなることもある。

高級紙で箱をつくる
約12万円

厚手の高級メタリック紙に1色で印刷後、型抜、折り加工したもの。この中に入れる、別途印刷したDMやノベルティ代、封入代を含んでいないため、高級紙を使っても箱代自体のコストはそれほど高くならなかった。

コストを下げるための工夫6か条

❶ 安い紙に変更する

全体に対する紙代の割合は意外と高いので、コストを下げるには紙代を下げるのが手っ取り早い。ハガキ500枚の場合、使用枚数は全紙16枚程度なので影響は少ないと思われがちだが、試し刷り分も含めて最低1梱包（100〜200枚）単位で必要。キロ単価、枚単価の紙によっても値段は違う。

❷ オフセット印刷で刷れる紙にする

厚手の紙や表面に特殊加工が施されているような紙はオフセット印刷ができないことが多く、スクリーン印刷や箔押をすることになるので割高になる。また、メタリック光沢紙の多くは、オフセットUV印刷（専用のUVインキでオフセット印刷後、紫外線照射して硬化させる印刷）が必要になるため、普通のオフセット印刷よりも高くなる。

❸ 紙の取り都合をよくする

ポストカード1枚ならばタテ／ヨコどちらでもあまり変わらないが、二つ折り・三つ折りの場合、ヨコに折る仕様だと1枚の版に少数しか面付（配置）できず、面付の効率が悪くなるので割高になる（図参照）。印刷時に全紙を半裁（1/2）にするか、四裁（1/4）にするかでも取り都合が変わるので注意。

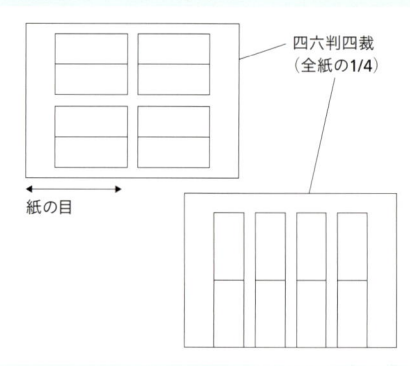

四六判四裁（全紙の1/4）

紙の目

タテ折のほうが効率よく面付できる

❹ 多種類を1枚に面付する

8種類の絵柄のポストカードを各500枚ずつつくりたいとき、1枚の上に1つの絵柄を繰り返して面付すると、8種類分の製版フィルムと刷版を別々に出力しなければならないが、8つの絵柄を1つずつ1枚に面付して刷ればフィルム出力が1回で済むので無駄がない。年賀状などは友達同士で1枚に面付すれば格安で印刷できる。

❺ スクリーン印刷をしない

UVシルク（盛り上げ加工）などのスクリーン印刷は大量生産が前提なので、最低A2〜の大きい版しかなく、オフセット印刷にくらべて版代が高い。小さい面積を部分的に厚盛りにしたいなら、バーコ印刷がおすすめ。カード専用機があるので、ハガキサイズでも可能。ただし、バーコはPPの上には不可。

❻ 箔押部分を1カ所に集める

箔押の型代、箔代は使用面積に比例して計算されるため、小さい絵柄でも複数の箇所に散らばっている場合は使用する型、箔が大きくなり割高になる。箔を使う部分はなるべくコンパクトにまとめる（図の右）のがコツ。四角いカードの周りを線でぐるっと囲むようなデザイン（図の左）では、押してある箔の量は少なくても箔を多く使うので高くなる。

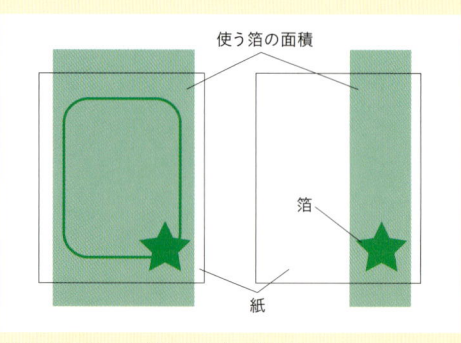

使う箔の面積

箔

紙

箔押する場所は一カ所にまとめると効率がよい

●pp.132-134の印刷加工のお問い合わせ
文唱堂印刷　担当：営業本部出版グループ
東京都千代田区神田佐久間町3-37　TEL.03-3851-0111（代）　www.b-p.co.jp

column 送付時にあわてないための
郵送料金・サイズ早見表

通常郵便で送れる範囲

● 通常はがき
14〜15.4cm
9〜10.7cm
6gまで50円

● 定型郵便物
14〜23.5cm
9〜12cm
〜1cm
25gまで80円
50gまで90円
50gを超えるものは定形外郵便物扱い

● 定形外郵便物
A、B、C
〜3cm
〜14cm
50gまで120円
100gまで140円
以降、省略。最高4kgまで最大でAの長さが60cm以内、A＋B＋Cが90cm以内

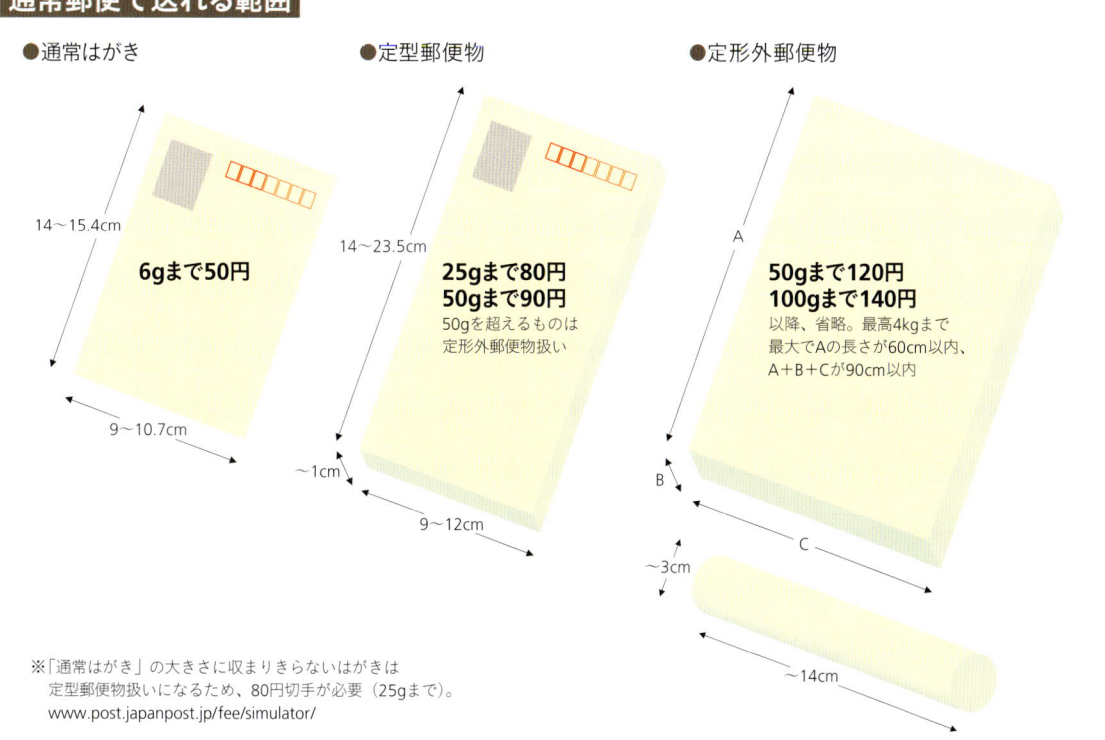

※「通常はがき」の大きさに収まりきらないはがきは定型郵便物扱いになるため、80円切手が必要（25gまで）。
www.post.japanpost.jp/fee/simulator/

料金別納と後納の違い

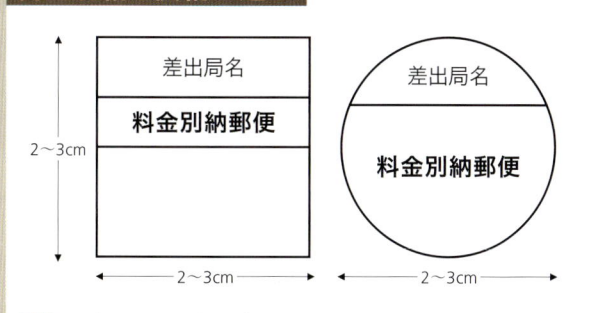

2〜3cm × 2〜3cm
差出局名 / 料金別納郵便

2〜3cm（円形）
差出局名 / 料金別納郵便

別納：10個以上から受付。申込時に料金を一括して払うため、大量の郵便物を出す際、切手を貼る手間が省ける
後納：50個以上から受付。事前の申請が必要。1カ月分の郵送料を翌月にまとめて後納できる

オリジナル切手の作成

デザインの現場 NIPPON 80

自分で制作したグラフィックや写真をはめ込んだオリジナル切手を作成してくれるサービス（フレーム切手）がある。フレームのデザインは花柄やメタリックタイプなど4種類。画像を添付して申し込むと、約3週間後にでき上がった切手が送付される。80円切手10枚綴りで1200円。郵便窓口、ウェブサイトから申込ができる。
kitte-shop.post.japanpost.jp

定形郵便の範囲で送れないものには……
クロネコメール便がお得

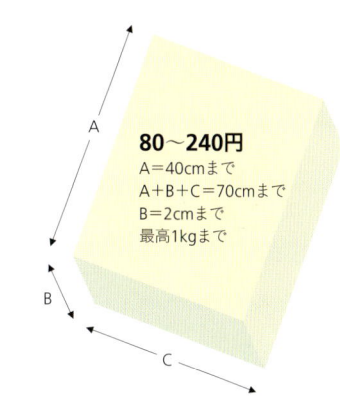

80〜240円
A＝40cmまで
A＋B＋C＝70cmまで
B＝2cmまで
最高1kgまで

クロネコメール便はA4角2封筒以内のものなら80円で送れるため、上記の定形郵便物の範囲を超える形状のもの（郵送ならば120円〜）であれば、メール便のほうが安く送れる。法人でなく個人でも申込ができ、最寄りのヤマト運輸集配所かコンビニエンスストアから発送できる（厚さは2cmまでなので注意！）。
www.kuronekoyamato.co.jp/mail/mail.html

A4 （角2封筒以内）	A4	B4	
厚さ1cmまで	厚さ2cmまで	厚さ1cmまで	厚さ2cmまで
80円	160円	160円	240円

※角2封筒は33.2×24cm以内

デザインの現場BOOK

小型グラフィック

発行日　2011年3月1日　第1刷発行

発行人	大下健太郎
編集	デザインの現場編集部
表紙デザイン	川村哲司(atmosphere ltd.)
中頁デザイン	三浦逸平(atmosphere ltd.) [表紙・目次・章扉]
	松田行正＋日向麻梨子(マツダオフィス) [その他の頁]
DTP	凸版印刷＋アロンデザイン＋光邦
印刷・製本	光邦
発行	株式会社美術出版社
	〒101-8417 東京都千代田区神田神保町2-38 稲岡九段ビル8F
	電話03-3235-5136 [営業]、03-3234-2173 [編集]
	振替00130-3-447800
	http://www.bijutsu.co.jp/bss

© BIJUTSU SHUPPAN SHA 2011
Printed in Japan
ISBN978-4-568-50439-2 C2070
◎本書の全部または一部を無断で複写複製(コピー)することを禁じます。